성장하는 교회들의
8가지 정석

성장하는 교회들의 8가지 정석

초판 1쇄   2019년 9월 25일

지 은 이 _ 정성진
펴 낸 이 _ 이태형
펴 낸 곳 _ 국민북스
편   집 _ 김태현
디 자 인 _ 서재형

등록번호 _ 제406-2015-000064호
등록일자 _ 2015년 4월 30일

주   소 _ 경기도 파주시 와석순환로 307, 1106-601 우편번호 10892
전   화 _ 031-943-0701
팩   스 _ 031-942-0701
이 메 일 _ kirok21@naver.com
ISBN 979-11-88125-18-0

※ 본문에 인용된 성경은 대한성서공회에서 펴낸 개역개정판을 따랐으며,
   다른 번역본을 사용한 경우 따로 표기하였다.

성장하는 교회들의
8가지 정석

정성진 지음

국민북스

차례

1장 평신도를 동역자로 세우는 리더십

1. 온전한 성도를 만드는 리더십을 지녀라 · 15
2. 봉사하는 성도를 만드는 리더십을 가져라 · 20
3. 교회를 세우는 성도를 만드는 리더십을 구축하라 · 25

2장 은사 중심적 사역

1. 다양성 안에서 일치를 추구하라 · 36
2. 공동체에 유익을 끼쳐라 · 40
3. 하나님의 뜻대로 사역하라 · 44

3장 열정적 영성

1. 열정적 신앙을 간직하라 · 55
2. 지속적 열정을 가져라 · 59
3. 열심의 내용이 중요함을 알라 · 64

4장 역동적 조직 (Dynamic System)

1. 새 술은 새 부대에 담아라 · 77
2. 지도자를 키워라 · 84
3. 성령의 인도함을 받아라 · 89

5장 영감 있는 예배

1. 모든 영광을 하나님께 돌려라 • 97
2. 즐거운 마음으로 드려라 • 101
3. 탕자를 돌아오게 하라 • 106

6장 전인적 소그룹: 살아있는 작은 교회

1. 온전한 사람으로 양육하라 • 120
2. 상처 받은 심령을 치유하라 • 125
3. 풍성한 생명의 번식을 하라 • 129

7장 필요 중심적 전도

1. 사명에 불타라 • 140
2. 전도자의 직분을 받아라 • 145
3. 종이 되어 전하라 • 149

8장 사랑의 관계

1. 사랑이 없으면 아무것도 아님을 명심하라 • 161
2. 사랑은 배려하는 마음임을 깨달아라 • 167
3. 사랑의 샘은 마르지 않는다는 점을 기억하라 • 173

"내가 죽어야 교회가 산다"(我死敎會生·아사교회생)는 정성진 목사의 목회 철학이다. 그는 목사와 성도들이 함께 내가 죽고 주님과 교회가 사는 목회를 성실히 추구하다보면 교회는 건강하게 성장할 것이라고 말한다. 경기도 고양 거룩한빛광성교회 사무실에서 '我死敎會生'이 적힌 액자를 뒤로하고 서 있는 정성진 목사

크리스천 A 슈바르츠 목사가 발견하고 거룩한빛광성교회가 실행함으로써 증명한 건강하게 성장하는 교회가 공통적으로 지닌 8가지 질적 특성

....

1. 사역자를 세우는 지도력
2. 은사 중심적 사역
3. 열정적 영성
4. 기능적 조직
5. 영감 있는 예배
6. 전인적 소그룹
7. 필요 중심적 전도
8. 사랑의 관계

1장

평신도를 동역자로 세우는 리더십

"그가 어떤 사람은 사도로, 어떤 사람은 선지자로, 어떤 사람은 복음 전하는 자로, 어떤 사람은 목사와 교사로 삼으셨으니 이는 성도를 온전하게 하여 봉사의 일을 하게 하며 그리스도의 몸을 세우려 하심이라." (엡 4:11~12)

살아 있는 모든 생물은 성장한다. 교회는 생물이다. 그러므로 교회는 성장해야 한다. 성장하는 교회가 살아 있는 교회다. 교회가 살아 있는지, 죽어 있는지 알아보기 위해서는 성장 여부를 보면 된다. 이 세상에서 아프기를 바라고, 죽기를 바라는 사람은 없다. 마찬가지로 교회가 성장하지 않기를 바라는 목회자나 성도는 없다. 하나님과 예수님, 성령님도 성장을 원하신다. 모든 그리스도인들도 성장을 원한다. 잠깐 성장하다가 멈추는 것은 우리를 슬프게 한다.

성장기 자녀들이 한참 먹을 때 보면 키가 쑥쑥 자란다. 부모들은 자신보다 자녀가 더 크게 되어 자녀를 위로 쳐다보게 되는 경우에 매우 흡족해한다. 그러나 자녀의 식욕이 떨어지고 성장이 멈추게 되면 안타까워한다. 그러면 우유를 비롯해 키 크는데 좋다는 온갖 영양식을 사 먹인다. 그래도 크지 않으면 몹시 속상해한다.

하나님의 마음도 자녀들의 성장을 바라는 부모와 같다. 교회가 성장을 멈추면 하늘 아버지이신 하나님께서 안타까워하신다. 성령님은 말할 수 없는 탄식으로 우리를 위해 간구하신다. 교회마다 성장의 열매를 바라며 나름대로 나무를 심는다. 교회를 잘 건축하며 내부를 아름답게 장식하고 각종 프로그램을 도입한다. 이런 것들은 모두 나무를 심는 것과 같다. 그런데 농사의 원리를 생각해보면 나무도 중요하지만 더 중요한 것은 토양이라는 사실을 알 수 있다. 농사를 통해 확실히 배울 수 있는 것은 '좋은 토양'이 먼저라는 사실이다.

충청북도 음성에서 목회할 때의 일이다. 교회 앞마당에 포도원을 만들기 위해 어느 해 봄에 종로 5가의 묘목 상에서 '캠벨'이라는 좋은 포도 묘목 70주를 사서 심었다. 캠벨은 1892년 미국에서 개발된 포도 품종으로 국내에서도 많이 재배하고 있다. 캠벨 묘목을 심은 그날 밤엔 벌써 포도를 따 먹는 꿈을 꿀 정도로 가슴이 벅찼다. 그런데 그만 여름이 지나기도 전에 5주 만 남고 몽땅 말라 죽고 말았다. 처음엔 속아서 나쁜 묘목을 샀다고 생각했다. 그러나 나중에 농부들이 농사짓는 것을 자세히 보면서 묘목을 죽인 것은 바로 나였다는 사실을 알게 되었다. 나는 묘목을 그냥 땅에 심기만 했다. 거름도 하지 않고, 전혀 북돋지 않은 영양가 없는 땅에 묘목을 심었으니 그 결과가 어떠했겠는가. 결국 묘목을 죽인 것은 나의 무식의 소치 때문인 것을 알게 되었다. 음성은 밭농사로 유명한 곳이다. 마늘, 고추, 담배, 인삼을 많이 재배한다. 나는 농부들이 인삼 농사를 짓는 모습에 깊은 인상을 받았다. 인삼이 사람의 원기를 돋우는 보약이 되는 이유가 있다. 바로 인삼이 땅의 영양을 완전히 다 빨아먹기 때문이다. 그래서 6년 정도 인삼 농사를 짓고 나면 그 밭에는 영양소가 하나도 남지 않게 된다. 그러면 인삼을 심지 못하게 되는 것은 물론 다른 작물 재배도 불가능하게 된다. 6년 동안 인삼 농사를 짓고 나면 반드시 그 밭을 묵혀야 한다. 그런 후에 다시 인삼밭을 만들 때에는 엄청난 양의 퇴비와 영양분이 되는 여러 가지 것들을 섞어 밭을 깊숙하게 북돋는다. 그런 후에 인삼을 심고 막을 씌운다.

이런 과정을 보면서 나는 '모든 농사에서 가장 중요한 사항은 밭이 좋아야 하는 것'이라는 사실을 깨달았다. 교회도 마찬가지다. 교회가 성장하려면 먼저 밭이 좋아야 한다. 교회에 처음 나온 사람 중에는 인삼과 같이 좋은 재능을 지닌 분들이 더러 있다. 자기 자리를 빼앗길까봐 초조해하며 능력 있는 새신자들을 따뜻하게 맞이하지 않는 기성 교인들이 가득 찬 교회의 토양으로는 결코 성장할 수 없다. 새신자들에 대한 기존 신자들의 수용성이 좋아야 한다. 여리디여린 새순과 같은 새신자가 오면 온실과 같은 따뜻한 환경을 만들어 보호, 양육해서 세상에 내놓을 수 있도록 배려해야 한다. 재능 있는 새신자가 오면 친절하게 교회 안내를 하고 그의 은사를 점검한 후, 함께 일할 수 있도록 바나바와 같이 친구가 되어줘야 한다. 그런 깊은 배려가 있을 때 교회와 성도가 함께 성장할 수 있다.

나는 거룩한빛광성교회를 개척한 후, 23년 동안 5만 명 이상의 많은 교인을 만나면서 '어떻게 하면 교회가 성장할 수 있는가'에 대해 깊이 연구했다. 그 결과 '이렇게 하면 교회가 성장할 수 있겠구나'라고 나름 생각하게 되었다. 그러나 내가 생각한 바를 명료한 논리와 검증된 증거로 설득력 있게 전하기가 쉽지 않아 고민에 고민을 거듭했다. 그러다 크리스천 A. 슈바르츠 목사의 '자연적 교회 성장'이라는 책을 보며 "바로 이거구나"라고 탄성을 지르게 되었다. 그야말로 아르키메데스가 목욕탕에서 부력의 법칙을 발견하고 외쳤다는 "유레카"를 나도 동일하게 외친 것이다. 놀라운 발견이었다. 슈바르츠 목사는 5대양 6대주, 18개 언어를 사용하는 32개 국가의 1000개 이상의 교회를 조사한 결과 건강하고 성장하는 교회가 지니고 있는 8가지의 질적 특성을 찾아냈다. 성장하는 교회에는 사역자를 세우는 지도력, 은사 중심적 사역, 열정적 영성, 기능적 조직, 영감 있는 예배, 전인적 소그룹, 필요 중심적 전도, 사랑의 관계라는 8가지 특성이 있었다. 이 여덟 가지 중 어떤 질적 특성도 무시되어서는 안 된다. '최소량의 법칙'과 같이 한 가지 약점이 전체를 병들게 하기 때문이다. 그러므로 이 8가지가 골고루 60점 이상 잘 자라는 교회가 건강한 교회가 될 수 있다.

8개의 나무로 만든 물통을 생각해보자. 여덟 개 중에 한 개가 부러져 반이 남아있다고 한다면 다른 나무 일곱 개가 모두 튼튼해도 물을 부으면 50%만 물이 차게 된다. 이것을 '최소치 요인'이라고 한다. 교회 성장을 가로막는 최소치 요인이 무엇인가를 찾아서 그것을 보완할 때 교회가 건강하게 성장할 수 있다. 이것을 '물동이 원리'라고 한다.

또 교인이라면 마땅히 어떻게 하면 교회가 성장할 수 있을지 관심을 두고 배워야 한다. 성장하는 교회의 교인들, 다시 말해 건강한 교회의 교인들이라야 자신도 건강하게 성장할 수 있기 때문이다. 각 교회의 성도들이 교회 성장의 견인차가 될 때 비로소 한국 교회라는 큰 숲이 건강하게 자라날 수 있다.

1. 온전한 성도를 만드는 리더십을 지녀라

"그가 어떤 사람은 사도로, 어떤 사람은 선지자로, 어떤 사람은 복음 전하는 자로, 어떤 사람은 목사와 교사로 삼으셨으니 이는 성도를 온전하게 하여"(엡 4:11~12 상반절)

사람만큼 더디 성장하는 동물은 지구상에서 찾아볼 수 없다. 송아지는 어미 배에서 나오자마자 이리비척 저리비척 하다가 곧 걷고 몇 날 안 되어 뛸 수 있게 된다. 그러나 사람은 태어난 지 일 년이 되어서야 걸음마를 할 수 있다. 새는 날개 짓을 하자마자 먹이를 사냥하며 어미로부터 독립한다. 그런데 사람은 20년이 지나서야 스스로 설 수 있게 된다. 그것도 빠른 사람이 20년이지 늦게 되는 사람은 30년, 40년도 더 걸린다.

에베소서 4장 11절에 나오는 사도, 선지자, 복음 전하는 자, 목사, 교사는 모두 초대교회의 직분들이다.

사도는 헬라어로 '아포스톨로스'인데 '보냄을 받은 자'란 뜻이다. 예수님의 12 제자와 사도 바울, 예수님의 형제 야고보 등이 사도라 칭함을 받았다.

구약에서 선지자는 하나님의 대변자로 직접적인 계시의 전달자였다. 그러나 신약이 완성되고 교회가 굳게 서가면서 선지자라는 직책이 사라졌다. 초대교회 당시 안디옥 교회의 유다와 실라(행 15:32), 빌립의 네 딸(행 21:9) 등이 선지자로 불렸다.

복음 전하는 자는 말 그대로 복음을 다른 사람들에게 전하는 전도자로 빌립, 디모데 같은 이들이다.

목사와 교사는 별도의 직분이 아니다. 그저 목사와 교사로 분류된다. 목사는 목양하는 사람이라는 '포이맨', 즉 목자라는 뜻으로 설교와 함께 가르치는 교사의 일이 목사의 2대 직분이다.

이렇게 여러 직분이 있는데 이 직분을 한마디로 표현하면 '지도자'라고 할 수 있다. 예수님께서 지도자를 세우신 목적이 12절에 세 가지로 나타나 있다.

첫째, 온전케 하는 일이다.

교회의 지도자에게는 성도를 온전케 해야 하는 책임이 있다. '온전케 한다'는 말은 '채운다', '갖춘다'는 의미를 갖고 있다. 잘 갖춘 사람을 배출해 내는 지도자가 훌륭한 지도자란 말이다. 요즘 시대에 좋은 고등학교란 어떤 학교인가? 학생들이 좋은 대학에 많이 들어가는 학교이다. 좋은 대학이란? 훌륭한 인재를 사회에 많이 배출하는 대학이다. 그렇다면 어떤 교회가 좋은 교회인가? 역사가 오래된 교회, 건물이 웅장한 교회, 인재를 양성하는 교회 가운데 좋은 교회를 하나 고른다면 어떤 교회가 되겠는가? 두말할 필요가 없다. 인재를 양성하는 교회가 좋은 교회다.

어떤 지도자가 훌륭한 지도자인가? 일꾼을 많이 세우는 지도자다. 일꾼을 많이 세우기 위해서는 성도를 온전케 해야 한다. 갖춘 사람을 만들어야 한다는 말이다. 모두 지극히 당연한 말 같지만, 현실에서는 그렇지 않다. 인재를 양성하기보다는 지도자를 키우지 않는 경우가 더 많다. 지난 시절에 우리는 흔히 이런 말들을 듣고 살았다. '암탉이 울면 집안이 망한다', '여자가 많이 배워 뭐하나?', '제 이름 석 자 읽고 쓰면 된다', '지식인은 말만 많고 골치 아프다', '모르는 게 약이다' 등. 이런 말들은 모두 우민화와 관계가 있다. 많이 가르치지 않고, 정보를 제한하고, 어리석은 사람을 만들어 짐승과 같이 길들여 수속처럼 마음대로 부리려는 전근대석 시도력을 발휘하는 것을 '우민화 정책'이라 한다. 지도자가 백성을 어리석게 만들어 제멋대로 다스리려는 계획을 일컫는 말이다. 사회뿐 아니라 과거 한국 교회 내에도 이와 같은 현상이 존재했다. 나는 '평신도를 병신도로 만들어서는 절대로 안 된다'는 확고한 생각을 지니고 있다.

중세기 로마 가톨릭교회는 교인들에게 성경을 읽지 못하게 했다. 사제들은 교인들이 뜻을 알든지 모르든지 무조건 라틴어로만 미사를 집례했다. 지금 생각하면 기막힌 일이지만 그런 말도 안 되는 전통이 1965년에서야 풀렸다. 가톨릭교회에서 현대어로 미사를 드리게 된 것이 불과 50년밖에 되지 않았다는 사실은 지난 시절 가톨릭교회 내의 우민화 정책을 극명하게 보여주고 있다.

참된 리더십을 갖춘 진정한 지도자는 성도 한 사람 한 사람을 동역자로 만드는 사람이다.

> "또 네가(디모데) 많은 증인 앞에서 내게(사도 바울) 들은 바를 충성된 사람들(디모데의 제자)에게 부탁하라. 그들이 또 다른 사람들(디모데의 제자의 제자)을 가르칠 수 있으리라."(딤후 2:2)

이 말씀 속에 복음의 4대가 나타나 있다. 사도 바울은 디모데를 온전케 하면서 "너도 네 제자들을 온전케 하고, 또 네 제자들은 자신들의 제자들을 온전케 하는 일에 힘써야 한다"라고 권면한다. 목사는 장로들을 지도자로, 권사들과 안수집사들을 지도자로, 또 구역장들과 교사들을 지도자로 온전하게 세워 나가야 한다는 말이다. 여기에 한 가지 깨닫고 넘어가야 할 이치가 있다. 설교를 들을 때 메시지에 대한 사전 이해가 전혀 없는 사람과 사전 이해가 된 사람 중 누가 은혜를 많이 받을까? 처음 듣는 사람이 은혜를 더 많이 받을 것 같지만 그렇지 않다. 고기도 먹어본 사람이 많이 먹듯이 말씀에 대한 사전 이해가 되어 있는 사람이 더 큰 은혜를 받게 된다. 그러므로 목사는 성도를 가르쳐 온전한 사람으로 만들면 훨씬 일하기 쉬워진다. 그러므로 온전하게 가르쳐야 한다.

중국 현대사를 가장 화려하게 수놓은 집안을 꼽으라면 단연 송가수(宋嘉樹)라는 사람의 집안이 선정된다. 송가수는 부잣집 아들로 태어나 12살 때 미국으로 유학을 가서 감리교 목사가 되었다. 귀국한 후 사업가로 변신, 많은 돈을 벌었다. 그에게는 아들 하나, 딸 셋이 있었다. 그는 어린 딸들을 일찍부터 미국에 유학 보냈다. 여자는 소학교도 보내지 않던 시절에 어린 세 딸을 미국으로 유학 보내 온전한 사람을 만들고자 힘쓴 것이다. 이들 중 큰딸 송애령이 중국의 거부 공상희와 결혼 했다. 둘째 딸 송경령은 중국의 국부 손문과 결혼 했다. 그리고 막내딸 송미령이 대만의 장개석 총통과 결혼했다. 이들의 인생을 두고 중국 사람들은 흔히 송애령은 돈을 사랑했고,

송경령은 조국을 사랑했으며, 송미령은 권력을 사랑했다고 말하곤 한다. 아무튼 세 딸 모두 한 시대를 풍미한 대단한 사람들과 결혼한 것이다. 훗날 사람들은 이들 집안을 '송가황조(宋家皇朝)'라고 불렀다. '송씨 집안은 황제를 배출한 집안'이라는 뜻이다. 송가수의 세 딸들이 시대를 흔들었던 사람들과 결혼할 수 있었던 것은 아버지가 딸들을 온선한 사람으로 키웠기 때문이다. 우리도 자녀들을 온선한 사람으로 가르쳐야 한다. 목사와 교회 지도자들은 성도들이 온전한 지도자로 똑같이 성장할 수 있도록 가르쳐야 한다.

> "우리가 약할 때에 너희가 강한 것을 기뻐하고 또 이것을 위하여 구하니 곧 너희가 온전하게 되는 것이라."(고후 13:9)

사도 바울이 위대한 지도자로 불리는 것은 바로 그가 이런 정신을 지녔기 때문이다. '나는 약해져도 너희가 강한 것을 기뻐하고, 또 너희가 온전하게 되는 것을 위해 진심으로 기도한다는 것'은 말처럼 쉬운 것이 아니다. 우리는 사람들을 볼 때마다 진심으로 "나보다 강하고 온전하게 되십시오"라고 말해야 한다. 온전한 사람을 키울 수 있는 마음자리를 가져야 한다. 그래야 실제로 사람들을 온전케 할 수 있다.

목사는 성도들을 온전케 해야 한다. 성도들은 또한 서로를 온전케 하고, 가정에서는 자녀들을 온전케 하며, 직장에서는 아래 사람들을 온전케 하여 동역자로 세워 나가는 지도자들이 되어야 한다. 그러면 자연적으로 건강하게 성장하는 스스로를 발견하게 될 것이다.

2. 봉사하는 성도를 만드는 리더십을 가져라

"봉사의 일을 하게 하며"(엡 4:12 중반절)

현대 교회의 문제 중 가장 심각한 문제는 교인 중 구경꾼 신자가 많아지고 있다는 점이다. 예배만 드리고 성도의 교제도 없고, 봉사도 없으며 예배가 끝나기 무섭게 돌아가는 사람들이 많아지고 있다. 이런 사람을 전문용어로 '벤치 워머(bench warmer)'라고 말한다. 스포츠 용어로 '의자를 따뜻하게 데우는 사람'이라는 뜻이다. 주전 선수가 아니라 벤치에 앉아 경기에 나갈 때만 기다리는 선수를 말한다. 교회에 벤치 워머들이 많아지고 있다. 이렇게 구경꾼 신자가 많아지게 된 것은 전적으로 지도자에게 책임이 있다. 교회의 지도자인 목사의 책임이다. 교회를 야구팀에 비유한다면 목사는 감독이다. 성도들이 선수다. 교인들이 투수, 포수, 외야수, 내야수, 타자가 되어 경기에 나서야 한다. 그런데 교회에 구경꾼만 있으니 목사가 투수도, 포수도, 타자도, 수비수도 해야 한다. 그러니 제대로 경기에 임할 수 있겠는가? 이러니 세상과 한번 제대로 겨뤄 보지도 못하고 패하고 마는 것이다. 목사의 사명은 평신도를 지도자로 키우는 것이다. 교인들로 하여금 선수가 되어 경기장에서 열심히 뛰도록 만드는 것이 목사의 사명이라는 말이다.

거듭 말하지만 지도자의 역할은 성도들로 하여금 '봉사의 일을 하게 하는 것'이다. 철저하고 헌신적으로 봉사하는 사람을 만들어 내는 것이 지도자의 역할이다. 유격훈련, 공수훈련, 특공훈련을 시켜서라도 봉사하는 사람을 만들어 내야 하는 것이 지도자의 사명이다. 교회에 와서 뛰지는 않고 시비스만 받고 가는 사람들이 많은 교회는 결코 성장할 수 없다. 교회에 급여를 받는 직원들이 유난히 많은 곳이 있다. 직원이 교회 일을 전부 맡아서 한다. 교인들은 모두 호텔에서 서비스 받듯이, 극장에서 구경하듯이, 주일이면 쫙 빼입고 왔다 벤치만 따뜻하게 만들고 돌아간다. 이것은 잘못된 것이다! 예배드리고 헌금하면 내 할 일을 다 했다고 생각한다면 평생 지도자가 될 수 없다.

지미 카터 전 미국 대통령은 대통령 재직 중에도 주일이면 고향 조지아주 플레인스의 미라나타교회에 가서 주일학교 성인 성경공부 교사로 어김없이 봉사했다. 그가 현직일 때, 사람들은 그를 시시한 대통령이라고 생각했다. 그러나 지미 카터는 세월이 지난 지금 미국에서 제일 존경받는 대통령이 되었다. 퇴임 후 카터는 사랑의 집짓기 운동(해비타트)에 적극 참여했고 세계 평화를 위해 헌신했다. 사람들은 '하나님이 지미 카터를 현직에서 실패한 대통령이 되게 한 것은, 가장 성공한 퇴직 대통령으로 만들기 위해서였다'며 그를 존경하고 있다.

우리나라 부모님들이 자녀교육을 하는 모습을 보다 보면 많은 문제가 있다는 것을 발견하게 된다. 집에서 아이가 밥 먹고 설거지를 하려 하면 어머니는 "얘! 너 정신 있니? 어서 공부나 해! 설거지는 내가 할 테니까 공부하라니까"라고 말한다. 이렇게 유약하게 키우니 아이들이 잠에서 깨어나 침대 정리조차 하지 않는다. 방 청소는 말할 것도 없다. 그냥 어지럽힌 그대로 놓고 학교에 간다. 어머니는 자녀 방을 청소하면서 "아이고, 내 팔자야! 나는 매일 솥뚜껑 운전에다 집안 청소와 빨래나 하는 신세인가"라고 한탄하면서도 아이들에게는 시킬 줄을 모른다. 아이들은 집에서 공부보다 더 중요한 생활과 봉사교육은 하나도 교육받지 못한 채 자라난다. 그러니 여성의 경우, 결혼해서 김치 담그는 것은 고사하고 찌개 하나 못 끓이게 되는 것이다. 언제까지 부모들이 자녀 대신 살아주겠는가.

그런데 아주 보기 드물게 교육을 잘 시키는 부모님들이 있다. 그들은 꼭 훈련소 조교나 유격대 교관같이 매정하다. 꼭 친엄마가 아니라 뺑덕어멈 같다. 그러나 그런 엄한 부모가 자녀를 자립심 있는 사람으로 키운다. 교회도 마찬가지다. 철저하게 봉사하는 성도를 만들어야 한다. 거룩한빛광성교회는 다른 교회에 비하면 봉사하는 성도가 많은 편이다. 뺑덕어멈처럼 엄하게 성도들을 훈련시켰기 때문이다. 교사, 성가대원, 식당 봉사자, 호스피스, 장례위원, 전도대원, 구역장, 권찰 등으로 일주일에 한 번 이상 봉사하는 성도들이 전 성도의 40% 정도다. 한국 교회 전체와 비교할 때 상대적으로 아주 높은 비율이다. 물론 한국 교회 내에도 수많은 성도들이 봉사에 동참하고 있다. 나는 늘 교역자와 성도들에게 "지금까지 성과에 자만

해 여기에 머무르면 절대 안 된다"고 강조했다. 전 성도가 봉사하는 일에 동참해야 한다. 그리고 더 깊이, 더 넓게, 더 크게 봉사해야 한다. 봉사의 지경을 넓혀야 한다.

헬라어로 봉사는 '디아코니아'다. 이 디아코니아에서 집사를 뜻하는 '디컨'이 나왔다. 봉사라는 말에서 집사가 나온 것이다. 그러므로 집사는 다름 아닌 봉사하는 사람이다. 봉사의 지경을 넓힌다는 말의 의미는 무엇인가. 자기 힘만으로 봉사하던 사람이 하나님의 힘을 공급받아 봉사하는 것, 자기 혼자 봉사하던 사람이 손을 내밀어 주위 사람들과 함께 봉사하는 것, 봉사하지 않았던 사람들을 자발적으로 봉사의 자리로 오게하는 것이다. 거룩한빛광성교회 목사들은 예배 후에 자발적으로 식당 봉사를 한다. 교구목사가 고무장갑을 끼고 설거지를 함께하고 앞치마를 두르고 서빙을 하기도 한다. 그러면 남자 성도들도 자연스레 함께 거들게 되며 힘들다고 다들 꺼리는 교회 주방에는 웃음꽃이 피기 마련이다.

> "각각 은사를 받은 대로 하나님의 여러 가지 은혜를 맡은 선한 청지기 같이 서로 봉사하라. 만일 누가 말하려면 하나님의 말씀을 하는 것 같이 하고 누가 봉사하려면 하나님이 공급하시는 힘으로 하는 것 같이 하라. 이는 범사에 예수 그리스도로 말미암아 하나님이 영광을 받으시게 하려 함이니 그에게 영광과 권능이 세세에 무궁하도록 있느니라. 아멘."(벧전 4:10~11)

이 말씀을 자세히 관찰하면 봉사를 잘하는 방법을 알 수 있다. 봉사를 잘하기 위해서는 먼저 하나님께 받은 은사를 갖고 해야 한다. 둘째, 청지기가 맡은 일을 하듯 성실함으로 해야 한다. 셋째, 하나님의 공급하시는 힘으로 해야 한다. 만일 봉사하는 데 좀처럼 신이 나지 않는다면 그 봉사의 일이 자신의 은사와는 거리가 먼 것일 경우가 대부분이다. 그런 경우에는 봉사하는 분야를 바꿔보면 좋다. 봉사 자체를 포기하지 말고, 봉사의 종목을 바꿔 보라는 말이다. 가르치는 것이 기쁘고 즐거우면 교사를, 찬양할 때면 배고픈 줄 모르고 기쁘면 성가대원을, 음식을 아주 잘하고 남들이 자신이 만든 음식을 잘 먹어주면 그저 즐거운 사람은 식당 봉사를 해야 한다. 자신의 은사에 맞추면 즐겁게 봉사할 수 있다. 안내를 하며 상냥한 미소를 짓는 사람은 수호전에 등장하는 노지심같이 무뚝뚝한 사람도 활짝 웃게 만들 수 있고, 우울증 걸린 사람의 우울증이 떨어질 정도로 표정이 밝은 사람은 영접 담당을 하면 된다.

이 땅의 크리스천 성도 여러분 모두가 선한 청지기 같은 봉사자가 되시기 바란다. 혼자가 아니라 함께 봉사하고, 자녀들을 봉사자로 양육하시라. 목회자와 교회 리더들은 모든 성도를 봉사하는 사역자로 세울 수 있도록 자신부터 먼저 훈련이 되어야 하며 성도들에게 본을 보이기를 권면한다.

3. 교회를 세우는 성도를 만드는 리더십을 구축하라

"그리스도의 몸을 세우려 하심이라."(엡 4:12 하반절)

평신도를 지도자로 세우는 궁극적 목적은 교회를 세우기 위함이다. 교회에 직분자, 곧 지도자들을 세우는 이유는 교회를 온전히 세우려는 것이라는 말이다. 교회는 그리스도의 몸이다. 교회를 세우기 위해서는 직분자들이 필요하다. 모든 성도와 지도자들은 다른 어떤 것보다 교회를 세워 나가는데 헌신해야 한다.

교회를 세워 나간다는 뜻을 마치 건물을 건축하는 것으로 오해하는 사람이 있을 수 있다. '교회를 세워 나간다'는 의미는 에베소서 4장 13절의 '그리스도의 장성한 분량이 충만한 데까지 이르는 것'을 의미한다. 건강한 교회, 성숙한 교회, 모든 사람들이 흠모할만한 교회로 만들어 가는 것을 뜻한다.

또 교회를 세운다고 하면서 그리스도의 몸인 교회를 세우는 것이 아니라 목사를 세우는 교회가 있다. 교회가 부흥하기 위한 몇 가지 조건 가운데 하나가 '교인들이 목회자를 신뢰하는 것'이다. 교인들이 담임 목사를 자랑하며 혹 남들이 욕하면 거품을 물고 방어하는 교회는 반드시 부흥한다. 그런데 여기에는 정말 조심해야 될 사항이 있다. 교인들의 목회자에 대해 자부심이 너무 강하면 그 목사가 교주가 될 위험성이 도사리고 있다는 점이다. 목사를 존경하되, 신처럼 떠받들면 절대 안 된다.

또한 교회 내에는 그리스도의 몸인 교회를 세우지 않고 자신을 세우는 사람들이 많다. 이기적 신앙, 기복적 신앙을 간직하며 오직 건강과 평안, 물질의 복만을 구하는 사람들이다. 이들은 '하나님의 뜻'을 구하지 않고 '하나님의 손'만을 구하는 성도들이다. 건강과 평안, 물질을 구하는 것이 잘못된 것은 아니지만 그것을 먼저 구하면 안 된다. 우선순위가 잘못된 것이다. 신앙생활에서는 우선순위가 중요하다.

"그런즉 너희는 먼저 그의 나라와 그의 의를 구하라. 그리하면 이 모든 것을 너희에게 더하시리라."(마 6:33)

신앙생활을 하면서 먼저 구할 것이 있고 나중에 구할 것이 있다. 일의 우선순위를 아는 사람이 지혜자이다.

"사랑하는 자여 네 영혼이 잘됨 같이 네가 범사에 잘되고 강건하기를 내가 간구하노라."(요삼 1:2)

영혼이 잘 되는 것이 먼저다. 영혼이 잘 된 다음 범사에 복을 받고 건강의 복을 받는 것이다. 이 순서를 지키는 사람이 참된 신앙인이다. 이런 참된 신앙인들이 모인 교회가 참된 교회가 되는 것이다. 자신이 아니라 먼저 교회를 세우는 사람들을 만들어 나가는 교회가 참된 교회다. 교회를 세워 나가는 사람들은 '여우'를 가장 조심해야 한다.

> "우리를 위하여 여우 곧 포도원을 허는 작은 여우를 잡으라. 우리의 포도원에 꽃이 피었음이라."(아 2:15)

조심해야 할 것은 큰 여우가 아니라 작은 여우다. 여우도 작은 것은 예쁘다. 그러나 작은 여우는 꽃이 핀 포도원을 헤집고 다녀 꽃을 떨어지게 만든다. 그러면 포도원에 포도 열매가 맺히지 않게 된다. 결국 열매 맺지 못하는 그 포도원은 허물어지게 된다.

이것이 말하는 바는 교회에서 기쁨을 빼앗아가고 향기를 사라지게 하는 행위를 말한다. 교회에서 꽃을 떨어뜨린다는 것은 여러 가지 해석이 가능하지만 부정적이며 비방하고 수군수군 말하는 사람들의 행위를 뜻한다. 그들의 부정적이며 비방하는 말 정도는 그다지 큰일 같지 않아 보인다. 실제 대수롭지 않을 수 있다. 주먹으로 사람을 때려 큰 상처를 입힌 것도 아니고 주변에 큰 손해를 끼친 것 같지도 않다. 그러나 부정적 언사는 사람들의 마음을 어둡게 하고 끝내 주저앉게 만든다. 찌르는 말은 외상(外傷)이 아니라 내상(內傷)을 깊게 입힌다. 겉으로 보이지는 않아도 내상은 외상보다 심각하며 치료하는데 상당한 어려움을 겪는다. 어느 경우에는 자신이 내상을 입었다는 사실을 모를 수도 있다. 그러나 그 결과는 무너짐이다. 나와 사람들에게 내상을 입히는 작은 여우들로 인한 결과는 무섭다. 아가서 구절에서 포도원은 교회를 뜻한다. 나도 모르게 포도원을 허무는 작은 여우가 된다면 얼마나 불행한 일인가. 말을 조심해야 한다. 항상 긍정적으로 생각하고 희망의 말을 해야 한다.

"할 수 있다. 하면 된다. 해보자."
"당신은 하나님의 복을 받은 사람입니다. 복의 근원이 되십시오."
"당신이 교회에 있을 때 교회가 빛이 납니다."
"당신이 찬양할 때 성가대가 빛을 발합니다."
"봉사하는 당신의 모습이 참 아름답습니다."
"아세요? 당신은 꼭 필요한 바로 그 한 사람이란 사실을요."

이런 말들이 얼마나 아름답고 희망적인가. 이쯤 되면 넘어지려던 사람도 벌떡 일어서게 될 것이다. 이런 말을 나누는 사람들이 많은 교회가 건강한 교회며 결국 건강하게 성장하게 된다. 사람 한 명을 지도자로 세우는 데는 참으로 오랜 시간이 필요하다. 작은 나무를 기둥감으로 키우는데 100년 넘게 걸리지만 넘어뜨리는 데는 한 시간도 채 걸리지 않는다. 한 시간이면 아름드리나무를 베어 넘어뜨릴 수 있다. 말 한마디면 지도자도 허물어뜨릴 수 있다. 잠깐이면 넘어뜨릴 수 있다. 우리는 지도자를 무너뜨리는 사람이 아니라 세우는 사람이 되어야 한다. 나도 세우고, 남도 세워 가야 한다. 세우는 사람이 마침내 칭찬과 상급을 받게 된다.

"유스도라 하는 예수도 너희에게 문안하느니라. 그들은 할례파이나 이들만은 하나님의 나라를 위하여 함께 역사하는 자들이니 이런 사람들이 나의 위로가 되었느니라."(골 4:11)

이 구절에서 사도 바울은 유대교에서 개종, 기독교인이 된 유스도라는 사람이 교회를 세우고, 지도자인 자신을 도와주었기에 고난 중에 위로 받았음을 간증하고 있다. 성경에 기록된 유스도와 같은 이름은 천국의 생명책에 기록된 자랑스러운 이름이다.

우리 모두 유스도와 같이 교회를 세우고, 지도자를 세우는 자랑스런 평신도 사역자가 되기를 소망해야 한다. 목사만 제사장이 아니라, 모든 성도들은 왕 같은 제사장들이다. 이제 더 이상 한 명의 목사만 스타가 되고 대다수의 교인들은 구경꾼이 되는 교회가 되어선 안 된다. 목사 혼자 원맨쇼를 하는 교회가 아니라 모든 하나님의 자녀들이 각자의 악기로 함께 연주해 아름다운 선율을 이루어 내는 천국의 오케스트라와 같은 교회가 되어야 한다. 이를 위해 교회 구성원 모두가 방관자나 구경꾼이 아니라 동역자가 되어야 한다.

이처럼 주 안에서 말씀대로 교인들을 평신도 지도자로 세우는 목사와 받은 은사대로 함께 봉사하며 교회를 세워 간다면 평신도 리더로 자라나는 성도들이 넘치게 되어 교회는 날마다 성장하게 된다. 하나님 원하시는 방법대로 건강한 숲을 이루어가는 교회만이 혼탁한 이 세상에 소망이 되고 선한 영향력을 끼치게 된다.

함께 생각하기

1. 지금 출석하는(담임하는) 교회는 인재를 키우는 교회인가? 아니면 인재가 떠나는 교회인가?

2. 지금 출석하는(담임하는) 교회에는 봉사자(각종 사역에 참여하는 자)들이 전체 성도 가운데 몇 퍼센트 정도인가? 생각보다 봉사자들이 비율이 적은(큰) 이유는 무엇이라고 생각하는가?

3. 지금 출석하는(담임하는) 교회를 약화시키거나 허무는 '작은 여우들'을 생각나는 대로 거론해 보라.

4. 교회 내에서 평신도를 동역자로 키우는 리더십이 제대로 발휘되게 하기 위안 방안을 3가지 기록하라.

2장

은사 중심적 사역

"은사는 여러 가지나 성령은 같고 직분은 여러 가지나 주는 같으며 또 사역은 여러 가지나 모든 것을 모든 사람 가운데서 이루시는 하나님은 같으니 각 사람에게 성령을 나타내심은 유익하게 하려 하심이라. 어떤 사람에게는 성령으로 말미암아 지혜의 말씀을, 어떤 사람에게는 같은 성령을 따라 지식의 말씀을, 다른 사람에게는 같은 성령으로 믿음을, 어떤 사람에게는 한 성령으로 병 고치는 은사를, 어떤 사람에게는 능력 행함을, 어떤 사람에게는 예언함을, 어떤 사람에게는 영들 분별함을, 다른 사람에게는 각종 방언 말함을, 어떤 사람에게는 방언들 통역함을 주시나니 이 모든 일은 같은 한 성령이 행하사 그의 뜻대로 각 사람에게 나누어 주시는 것이니라."(고전 12:4~11)

　　• ● •　　　　　　어떤 사람은 술을 한잔만 마셔도 얼굴이 홍당무가 돼 더 이상 술을 마시지 못하는데, 어떤 사람은 술을 말로 먹고도 아침에 정상적으로 일어나 툭툭 털고 출근을 한다. 사람들은 그런 사람을 보고 "술이 세다"라고 말한다. 의학자들이 어떻게 이런 현상이 나오는지 연구했다. 이들은 연구를 통해 사람 가운데에는 알코올을 분해하는 효소를 특별히 많이 내는 유전자를 지닌 사람이 있다는 것을 알게 되었다. 그런 사람은 몸에 들어온 알코올을 많은 효소를 통해 빨리 분해하기에 코가 비뚤어지게 술을 마셔도 몸에 큰 해를 받지 않게 된다는 사실을 밝혀냈다.

　슈바르츠 박사는 5대양 6대주에서 18개 언어를 쓰는 32국의 1000개 이상의 교회를 조사한 결과, 건강하게 성장하는 교회는 그냥 우연히 성장한 것이 아니라 8가지의 성장을 위한 질적인 특성을 가지고 있는 것을 발견했다. 마치 술이 센 사람은 우연히 센 것이 아니라 알코올 분해 효소가 많기에 셀 수밖에 없는 것처럼, 성장하는 교회들은 목회자가 성장의 요인을 알건 모르건 분명히 성장의 특성이 있었기에 성장했다는 말이다.

　첫 번째 특성은 지도력, 즉 리더십에 관한 문제다. 어떤 공동체건 리더가 중요하다. 슈바르츠 목사의 조사에 따르면 성장하는 교회는 지도자가 리더십을 잘 행사하고 있었다. 그런 교회 목회자의 리더십은 독불장군식이거나 유아독존식이 아니었다. 대신 많은 평신도를 지도자로 세워 함께 일을 하도록 하는 '사역자를 세우는 지도력'이 행사되었다. 지도자가 성도를 온전케 해서 그들로 하여금 주님의 몸

되신 교회를 위해 자발적으로 봉사하고 함께 세워 나가는 교회가 성장한다는 말이다.

성장하는 교회의 두 번째 질적 특성은 '은사 중심적 사역'이 활성화되어 있다는 것이다. 은사 중심적 사역에는 두 개의 반대되는 개념이 있다. 하나는 목회자 중심 사역이다. 대부분 한국 교회의 사역은 목사 중심으로 돌아간다. 목회자 중심 사역 시스템에서 교인은 목사의 가르침을 받아 수동적으로 지시에 따르고, 하라는 일에 순종한다. 그 일을 성실하게 잘하면 '충성된 일꾼'이라고 불린다. 많은 한국 교회가 이런 시스템에 의해 운영된다. 이 목회자 중심 사역 시스템의 맹점은 성도들이 하나님께 받은 은사와 맡겨진 일의 일치와는 상관없이 사역을 실행한다는 것이다. 물론 그렇게 해도 일은 진행될 수 있다. 그러나 은사에 맞게 주어진 일이 일치하지 않으면 곧 흥미가 없어지고 중도에 그만두거나 역기능이 발생하기 마련이다.

또 다른 하나는 연륜 중심적 사역이다. 역사가 오래된 교회일수록 연륜이 긴 중직자들을 중심으로 일이 진행된다. 이런 경우 중요한 일은 은사와 상관없이 고참 성도가 맡게 된다. 그러다 보면 새로 온 교인이나 젊은 교인들에겐 하나님으로부터 받은 자신의 은사를 사용할 수 있는 기회가 주어지지 않는다. 이것이 전통 교회에서 각 사람들이 하나님께 받은 은사대로 일하는데 걸림돌이 되는 요인이다.

이런 부정적 요인들을 제거하고 은사 중심적 사역을 하기 위해서는 먼저 신학적인 이해를 하는 것이 중요하다. 은사 중심적 사역을 하기 위해서 우리 모두는 '만인제사장주의'에 대해 신학적으로 깊이 이해해야 한다. 만인제사장주의는 종교개혁의 기본적이며 두드러진 원리 가운데 하나이다. '모든 신자는 대제사장이신 그리스도를 통해 하나님께 직접 나아갈 수 있기에 중재자인 사제는 필요 없다'는 주장이다. 더 나아가 '모든 그리스도인은 하나님께 타인을 위해 기도할 수 있고, 하나님에 관한 것들을 다른 사람에게 가르칠 자격이 있다'는 것이다. 따라서 하나님 안에서 특별한 직위나 도덕성을 가진 성직자의 특수 집단이 있다는 것을 부인한다.

그러면 만인제사장주의에 따를 경우 목사직은 어떻게 이해되어져야 하는가? 이 경우, 목사직은 실제적이며 직무상의 일로 목사의 직분은 교회를 맡아 교인들에게 설교하고, 그들을 가르치고 인도하는 전문인으로 이해된다. "내 양을 먹이라" 하신 주님의 말씀 따라 평신도를 리더로 자라게 돕는 목사에게 주어진 직분의 권위는 인정하되 권위주의는 버려야 은사 중심의 사역이 가능해진다. 만인제사장주의의 근거가 되는 성경 구절은 다음과 같다.

"그러나 너희는 택하신 족속이요 왕 같은 제사장들이요 거룩한 나라요 그의 소유가 된 백성이니 이는 너희를 어두운 데서 불러 내어 그의 기이한 빛에 들어가게 하신 이의 아름다운 덕을 선포하게 하려 하심이라."(벧전 2:9)

"그의 아버지 하나님을 위하여 우리를 나라와 제사장으로 삼으신 그에

"게 영광과 능력이 세세토록 있기를 원하노라. 아멘."(계 1:6)

"그들로 우리 하나님 앞에서 나라와 제사장들을 삼으셨으니 그들이 땅에서 왕 노릇 하리로다 하더라."(계 5:10)

이상의 말씀에서 모든 성도들을 제사장이라고 부르고 있다. 그러므로 우리 모두는 제사장으로서 하나님께서 주신 은사를 갖고 하나님의 일을 주도적으로 행할 수 있는 것이다. 이제 한국 교회는 목회자나 중직자들 중심적 사역에서 벗어나 성도들이 모두 함께 하나님께서 주신 은사를 따라 주체적으로 활발히 사역함으로써 하나님의 역사를 이뤄나가야 한다.

1. 다양성 안에서 일치를 추구하라

"은사는 여러 가지나 성령은 같고 직분은 여러 가지나 주는 같으며 또 사역은 여러 가지나 모든 것을 모든 사람 가운데서 이루시는 하나님은 같으니"(고전 12:4~6)

헬라어로 '카리스마'라고 하는 은사는 구원받은 자녀들에게 일하라고 주신 선물이다. 은사는 하나님의 은혜와 예수 그리스도의 은혜로 말미암은 선물이다. (롬 5:15) 은사 중에서 최고의 은사는 영생이다. (롬 6:23) 하나님께서 주신 은사에는 후회하심이 없다. (롬 11:29) 각양의 좋은 은사와 온전한 선물은 모두 다 위로부터 빛들의 아버지께로부터 내려온다. (약 1:17) 이런 성경 구절들을 통해서 알 수 있는 것은 은사는 하나님이 주시는 선물이라는 점이다.

그런데 하나님께서 주시는 선물은 천편일률적으로 꼭 같은 것은 아니다. 성탄절을 맞아 북반구에 위치한 나라에서는 화이트 크리스마스를 기다린다. 그러나 같은 성탄절이라도 적도 부근에서는 스콜과 같은 소낙비를 맞게 되며 또 다른 곳에서는 꽃가루가 날리는 가운데 크리스마스를 맞게 된다. 같은 성탄절이라도 그것을 맞이하는 다양한 문화와 지정학적 요소가 있는 것이다. 마찬가지로 하나님의 은사는 사람과 환경에 따라, 각각 그 모양이 다르다.

은사는 한 가지만이 아니라 여러 가지가 있다. 은사는 다양하다. 그러면 다양한 은사 가운데 좋고 나쁜 것, 크고 작은 것이 있을까? 그렇지 않다. 인간의 눈으로는 좋고 나쁜 것, 크고 작은 것이 있을 수 있지만 은사를 주신 하나님 편에서 볼 때엔 그 은사가 각자에게 가장 적당한 것이다. 하나님은 가장 적합한 은사를 각 사람에게 주신다.

또한 '은사가 다양하기 때문에 다툼이나 충돌이 일어나지 않을까' 하며 걱정할 수 있다. 그러나 걱정할 필요가 없다. 은사들은 각각 다르지만 각양의 은사를 주신 분은 오직 하나님이시기에 하나님 안에서 일치를 이룰 수 있다. 은사는 여러 가지나 성령은 같고, 주님도 같고, 하나님도 같기에 일치할 수밖에 없는 것이다.

교회에서 은사 중심적 사역이 이루어지기 위해 가장 중요한 것은 성도들 각자가 먼저 자신의 은사를 알아야 하며 다음으론 그 은사를 하나님이 주셨다는 확신을 갖는 것이다. 자신의 은사가 하나님이 주신 가장 좋은 것이라는 확신이 있다면 남의 은사를 부러워하거나 기웃거릴 필요는 없다. 마치 배우자가 서로 "우리는 하나님께서 맺어 주신 천상배필이다"라고 확신하며 고백한다면 미스 코리아나 미스터 코리아의 유혹에도 흔들리지 않는 것과 같다. 그러나 그런 믿음이 없으면 남자는 지나가는 여인의 눈짓 한 번으로도 마음이 흔들릴 수 있다.

교회 안에서 은사 중심적 사역이 이뤄지기 위한 세 번째 특성은 은사의 다양성을 인정하는 것이다. 사람은 모습과 성격이 다 다르다. 인류는 모두 저마다의 특성이 있다. 사람의 특성을 심리학에서는 다혈질, 담즙질, 점액질, 우울질로 나눈다. 혈액형으로는 A, B, O, AB형으로 나누며 한방에서는 태양, 태음, 소양, 소음인 등으로 나누기도 한다. 정말로 백인백색(百人百色)이다. 백 사람이 있으면 백 사람의 성격이나 특색이 다 다르다는 뜻이다. 인류 가운데 같은 성격과 특성, 모습을 지닌 사람은 한 사람도 없다. 각자에게 고유의 모습과 성격, 특성이 있다. 은사도 마찬가지로 다양하다. 성경에 나타난 은사만도 수없이 많다.

지혜의 은사, 지식의 은사, 믿음의 은사, 영분별의 은사, 방언의 은사, 통역의 은사, 사도·선지자·교사의 은사, 능력의 은사, 병 고치는 은사, 돕는 은사, 다스리는 은사, 예언의 은사, 섬기는 은사,

권위의 은사, 구제의 은사, 긍휼을 베푸는 은사, 기도의 은사, 찬양의 은사, 친절한 은사 등. 이 외에도 얼마든지 다양한 은사가 있을 수 있다.

그런데 교회에서는 이 같은 다양한 은사들을 마음껏 활용하지 않고 오히려 제한하는 경우가 많다. 사람들에게는 다른 사람이 나와 같기를 바라는 마음이 있다. 사도 바울도 이런 마음을 갖고 있었다.

> "나는 모든 사람이 나와 같기를 원하노라. 그러나 각각 하나님께 받은 자기의 은사가 있으니 이 사람은 이러하고 저 사람은 저러하니라."(고전 7:7)

여기에서 사도 바울이 말한 모든 사람이 나와 같기를 원한다는 뜻은 다음과 같다. 사도 바울은 독신의 은사를 받은 사람이다. 그래서 할 수 있다면 자신과 같이 결혼하지 않았으면 좋겠다는 의미로 말한 것이다. 이 말을 따른 사람들이 가톨릭 사제인데 처음부터 독신이었던 것은 아니다. 1073년 그레고리 7세는 교황이 되자 제일 먼저 "결혼한 사제들은 이혼할 것이며, 앞으로 결혼하면 사제가 될 수 없다"고 선포했다. 그 이후로 사제들은 결혼하지 않게 되었다. 사도 바울은 모든 사람들이 자신과 같이 꼭 독신으로 살라고 한 것이 아니라 받은 은사대로 하라고 말했다. 그러나 세월이 지나면서 사제들이 가족들 때문에 헌신하기 어렵고 사제들 사이에 부정부패가 만연하게 되자 그레고리 7세가 자기 마음대로 독신 사제의 법을 만든 것이다.

이와 같이 은사를 강요하면 안 된다. 없는 은사가 강요한다고 생기는 것이 아니다. 오히려 부작용만 나타날 뿐이다.

> "우리에게 주신 은혜대로 받은 은사가 각각 다르니 혹 예언이면 믿음의 분수대로, 혹 섬기는 일이면 섬기는 일로, 혹 가르치는 자면 가르치는 일로, 혹 위로하는 자면 위로하는 일로, 구제하는 자는 성실함으로, 다스리는 자는 부지런함으로, 긍휼을 베푸는 자는 즐거움으로 할 것이니라."(롬 12:6~8)

은사가 다양하기 때문에 합력한다면 선을 이룰 수 있고, 각 은사들을 일치된 마음으로 사용하면 큰 시너지 효과를 얻을 수 있다. 우리 모두 서로 다른 은사를 존중하고 합심 협력해 다양성 안에서 일치를 이뤄야 한다. 그럼으로써 이 땅에 하나님의 나라를 세워 나가는 일꾼들이 되어야 한다.

2. 공동체에 유익을 끼쳐라

> "각 사람에게 성령을 나타내심은 유익하게 하려 하심이라."(고전 12:7)

자신의 은사가 무엇인지 아는 가장 간단한 방법은 그 은사를 가지고 일할 때 기쁨이 있는지 여부를 확인하는 것이다. 어떤 어려운 일이라도 기쁨으로 행해 나가면 그것은 하나님이 주신 은사지만 괴롭다면 은사가 아니다. 만일 전도하는 일이 즐겁고 신이 나며 결과도 좋다면 전도의 은사가 있는 것이다. 찬양하는 것이 즐겁고 기쁘며, 성가대 연습을 아무리 해도 배도 고프지 않다고 한다면 찬양의 은사가 있다고 보면 된다. 그렇다면 오사마 빈 라덴과 같이 테러 성공을 기뻐했다면 테러가 은사인가? 아니다. 자신은 기뻐했지만 진 인류 공동체에게는 전혀 기쁨이 되지 않았기 때문이다. 마찬가지로 자신은 기쁘지만 교회 공동체에는 기쁨이 되지 않는 것은 은사라고 할 수 없다. 은사란 '좋아하고, 잘하고, 옳은 것'이다. 이 세 가지를 갖춰야 은사라고 말할 수 있다.

7절에서 말하는 '성령을 나타내심'이란 은사를 말한다. 은사는 교회 공동체에 유익을 주기 위해 하나님께서 주신 선물이다. 그러므로 자신에게는 아무리 즐거움이 될지라도 남에게 해를 끼친다면 그것은 은사가 아니다. 가령 자신은 찬양을 좋아하는데 듣는 이는 너무 괴롭다고 한다면 은사가 아니다. 은사가 되려면 '자신에게 기쁨, 형제에게 덕, 공동체에 유익, 하나님께 영광'이라는 네 박자가 맞아야 한다. 그때 비로소 '하나님의 은사'가 되는 것이다.

과거 개봉교회에 오세철 목사님이란 분이 계셨다. 지금은 제자에게 담임 목사직을 물려주고 은퇴하셨다. 정신여고 교목 시절에 틴 라이프 중창단을 만드셨고 이후 틴 라이프 선교회를 만들어 제자훈련을 오래도록 해 오셨다. 이분이 한참 목회를 하실 때 그 인품 때문에 많은 제자들이 그 밑으로 들어와 자랐다. 오 목사님은 가끔 부흥회 요청을 받으면 사양하며 이렇게 말한다. "나는 부흥회 인도를 잘 하지 못합니다. 다른 강사를 찾아보십시오." 그럼에도 "그냥 교회에서 하시는 대로 해주시면 됩니다"라며 거듭 요청이 들어오면 할 수 없이 부흥회를 맡아 인도한다. 오 목사님은 설교를 잘하는 편이 아니다. 별 재미가 없다. 누구보다도 자신이 이 사실을 잘 아신다. 그래서 부흥회에서 첫 시간을 한 후에는 유명한 강사를 모시고 간다. 그 강사는 오 목사님의 제자로 나의 동기동창이다. 당시 신학생으로 아직 목사 안수를 받지 않은 전도사였지만 설교를 참 잘 했다. 그가 강단에 설 때부터 진짜 부흥회가 열리는 것이었다. 오 목사님이 설교하는 게 싫어 그랬겠는가? 목사로서 설교를 싫어하는 사람은 아무도 없을 것이다. 비록 자신은 설교하길 좋아해도 부흥회에 참석한 교인들이 은혜를 받지 못하니 교회의 유익을 위해 제자 중에 설교를 잘 하는 전도사를 대신 세우고 자신은 물러난 것이다. 그러면 교회에 유익이 되고, 하나님께 영광이 돌아가며 그런 겸손한 태도로 인해 오 목사님은 더욱 존경을 받게 된다.

은사 중심적 사역이란 바로 이렇게 은사가 맞는 사람을 찾아 사역에 제대로 배치하는 것을 말한다. 인재를 어떻게 활용해야 나라가 잘 될까? 능력 있는 인재를 적합한 장소, 즉 적재적소에 배치하면 된다. 마찬가지로 은사가 있는 자들을 사역에 맞게 적재적소에 배치할 때 교회가 성장하고 부흥한다. 그러면 일하는 사람에게는 기쁨이 있고, 교회는 신바람이 나게 된다.

슈바르츠 목사는 '교인들은 어떨 때 가장 기쁨을 누리고 만족감과 행복감을 지닐까'에 대해서 조사했다. 지금 교회에서 하는 일과 내 은사가 꼭 맞을 때 가장 기쁨이 넘친다는 조사 결과가 나왔다. 인재를 적재적소에 배치하는 것을 기업에서 인사 관리라고 하며 교회에서는 은사 배치라고 한다. 한비자(韓非子)에 '계명구도(鷄鳴狗盜)'란 말이 나온다. '닭에게 새벽 시간을 알리게 하고 개로 하여금 도둑을 잡게 해야 한다'는 말이다. 적재적소에 은사 배치를 잘해야 힘을 말하는 사자성어다.

중국 전국시대에 제자백가(諸子百家)의 한 사람인 양주가 왕에게 말했다. "천하를 다스리는 것은 손바닥을 뒤집는 것만큼 쉽습니다." 왕이 말했다. "선생은 자기 집조차 다스리지 못하고 논 몇 마지기도 가꾸지 못하면서 무슨 큰소리를 치는가?" 그러자 양주는 이렇게 답했다. "전하는 양치기 소년이 작대기 하나로 백 마리의 양을 다스리는 것을 못 보셨습니까? 그것은 요순 같은 성인도 못하는 일입니다. 나라를 다스리는 큰일을 하는 능력이 있어도 장사와 같은 작은 일을 잘 할 수 있는 것이 아닙니다. 마찬가지로 계산을 잘한다고 나라 경영을 잘 할 수 있는 것도 아닙니다. 천하의 공자도 집안을 다스리지 못해 아내가 도망치지 않았습니까?" 이에 왕은 아무런 말도 하지 못했다.

하나를 못한다고 다른 모든 것을 못하는 것이 아니며, 하나를 잘한다고 다른 것을 다 잘하는 것이 아니다. 자폐아 중에도 놀라운 기억력으로 반 친구들의 이름과 생년월일을 모두 기억하는 아이가 있다. 이와 같이 누구에게나 은사가 있다. 그러면 은사를 어떻게 사용해야 하는가.

> "각각 은사를 받은 대로 하나님의 여러 가지 은혜를 맡은 선한 청지기같이 서로 봉사하라."(벧전 4:10)

이 세상에서 내 것은 하나도 없다. 모든 것은 하나님께로부터 거저 받은 것이다. 우리는 우리가 받은 것들을 선한 청지기와 같이 잘 관리해야 한다. 은사도 마찬가지다. 자신의 은사를 발견하면 그 은사를 갖고 선한 청지기같이 봉사해야 한다. 그럼으로써 자신에게는 기쁨이 되고, 형제에게는 덕을 세우며, 교회에 유익을 주고, 하나님께 영광 돌리게 된다.

3. 하나님의 뜻대로 사역하라

> "어떤 사람에게는 성령으로 말미암아 지혜의 말씀을, 어떤 사람에게는 같은 성령을 따라 지식의 말씀을, 다른 사람에게는 같은 성령으로 믿음을, 어떤 사람에게는 한 성령으로 병 고치는 은사를, 어떤 사람에게는 능력 행함을, 어떤 사람에게는 예언함을, 어떤 사람에게는 영들 분별함을, 다른 사람에게는 각종 방언 말함을, 어떤 사람에게는 방언들 통역함을 주시나니 이 모든 일은 같은 한 성령이 행하사 그의 뜻대로 각 사람에게 나누어 주시는 것이니라."(고전 12:8~11)

모든 은사는 하나님께로부터 온다. 하나님께로부터 받은 은사는 당연히 은사를 주신 하나님의 뜻대로 사용되어져야 한다. 하나님의 뜻대로 성령께서 다양한 은사를 각 사람에게 나눠 주셨다. 그런데 교회에서는 성도들의 다양한 은사가 제대로 나타나지 않는다. 은사를 지닌 성도들이 교회의 중심에 들어와 그 은사를 쓰지 않기 때문이다. 하나님은 성도들이 구경꾼의 자리에서 일어나 함께 경기에 임하는 선수들이 되기 원하신다. 하나님의 뜻은 성도들은 선수가 되고, 담임 목사는 감독이 되며, 부교역자는 코치가 되는 것이다. 그럼으로써 선수들이 안타도 치고 홈런을 날리면 감독과 코치는 환호성을 질러 교회라는 경기장에서 흥겨운 잔치 한마당이 벌어지게 되는 것이 하나님의 뜻이다.

그런데 지금 우리의 현실은 어떠한가. 대부분의 교회에서 감독을 해야 할 목사는 선수로 열심히 뛰고, 선수가 되어야 할 장로들은 목사의 일을 지도 감독한다. 목사가 선수가 되어 열심히 뛰다 보면 곧 지치게 된다. 목사가 너무 바쁘고 지친 교회, 교인들이 관중석의 구경꾼이 되어버린 교회는 절대로 성장할 수 없다. 모든 일이 목사에게 집중되면서 병목현상이 일어난다. 목사는 과부하가 걸려 더 이상 나아가지 못하고 멈춰 버린다. 세상과 마찬가지로 교회에서도 독불장군은 있을 수 없다. 한 사람이 교회의 모든 필요를 다 채우는 것은 불가능하다. 그러므로 건강한 교회, 성장하는 교회가 되기 위해서는 성도들이 받은 은사에 따라 능력 있는 선수가 되어 뛰어야 한다. 이것이 하나님의 뜻이다. 교회의 지도자들은 각종 일을 처리할 때 철저히 은사 중심적으로 접근해야 한다. 은사 중심적 접근이란 성도가 어떤 사역을 감당할지 여부를 목사가 정하는 것이 아니라 하나님께서 주권적으로 이미 정해 두셨다는 믿음에서 접근하는 것을 말한다. 이때 지도자의 역할은 성도들로 하여금 자신의 은사가 무엇인지 발견하도록 도울 뿐 아니라 각자가 부여받은 은사에 따라 사역할 수 있도록 장을 잘 마련해 주는 것이다.

이렇게 하나님의 뜻에 따라 받은 은사를 가지고 섬길 때, 인간의 힘으로 하는 부분은 줄어드는 대신 성령의 능력 안에서 이루어지는 일은 더 많아지게 된다. 이런 공동체는 평소에는 상상할 수 없는 놀라운 일을 할 수 있게 된다. 이런 공동체가 수행하는 결과에 대해 사람들은 기적이라고도 말한다. 이런 기적을 이루기 위해 모든 교회의 일꾼들은 맡은 사역을 위해 훈련을 받아야 한다. 훈련을 통해 받은 은사가 더욱 확실해지고 확대되기 때문이다.

은사를 받은 사람은 그 은사를 주신 하나님의 뜻대로 사용해야 한다. 은사를 주신 하나님의 뜻을 어길 경우엔, 은사 자체가 소멸된다는 점을 기억해야 한다. 주위를 보면 한때는 놀라운 은사를 발휘했지만 지금은 그 은사가 사라져버린 사람들을 발견할 수 있다. 하나님의 영광이 떠나면 인간은 아무것도 아닌 존재가 된다. 나는 한국 교회가 가장 소홀히 하는 부분이 성도의 은사 활용이라고 생각한다. 한국 교회의 건강한 성장을 위해 성도들로 하여금 은사를 발견하고 개발하여 사용하도록 해야 한다. 구원의 확신 다음으로 중요한 것이 은사의 확신이라는 사실을 기억하자.

믿는 이들에게 가장 위험하고 어리석은 일은 확신 없이 교회에 다니는 것이며 은사 없이 교회 일을 하는 것이다. 교회에서의 봉사는 반드시 자신에게 주어진 은사를 따라서 해야 한다. 그것이 효과적이다. 하나님께서 주신 은사대로 봉사할 때 모든 일에 하나님의 경륜이 나타난다. 그러면 일하는 자신이 먼저 즐겁고, 교회에도 큰 유익을 끼치게 된다. 무조건 열심만 갖고 많은 일을 도맡아 봉사하기 보다는 은사대로 자기에게 맞는 일을 하는 것이 중요하다. 이것이 은사를 주신 하나님의 뜻이다.

"그를 향하여 우리가 가진 바 담대함이 이것이니 그의 뜻대로 무엇을 구하면 들으심이라."(요일 5:14)

이 말씀처럼 어떤 일을 하나님의 뜻대로 행할 때, 하나님께서 그 사역을 축복하고 형통케 해주신다. 이것을 확실히 믿어야 한다. 이것을 믿고 일을 진행할 때, 교회 공동체는 행복하며 지속적으로 성장하게 된다.

"하나님이 죄인의 말을 듣지 아니하시고 경건하여 그의 뜻대로 행하는 자의 말은 들으시는 줄을 우리가 아나이다."(요 9:31)

예수님은 하나님 뜻대로 일하지 않으면 아무리 크고 많은 일을 열심히 한다 해도 하나님께서 듣지 않으시지만 아무리 작고 하찮은 일도 하나님의 뜻대로 행하면 하나님께서 들어주신다고 말씀하셨다. 은사를 주신 분도 하나님이시요, 일하게 하시는 분도 하나님의 영이신 성령님이시다. 이 사실을 믿어야 한다. 우리는 은사를 활용해 하나님의 일을 해야 한다. 하나님은 일을 하라고 은사를 주셨다. 그러므로 은사를 묵혀 두면 안 된다. 계속 교회 공동체의 유익을 위해 은사를 사용하지 않는다면 하나님은 그 은사를 도로 가져가실 수 있다. 우리 주변을 보면 한때는 놀라운 사역을 펼쳤지만 지금은 아무것도 하지 않은 사람이 있다. 한때는 비범했지만 지금은 평범해져 버린 사람들 말이다. 그런 사람들은 은사를 지속적으로 사용하지 않아 은사가 사라져 버린 자들이다. 그러므로 각 사람은 자신에게 부여된 은사를 사용하며 개발해야 한다. 그러면 점점 더 큰일들을 행할 수 있게 된다. 교회 지도자들은 성도들이 은사를 최대한 활용할 수 있도록 분위기를 조성해 줘야 한다. 이렇게 되면 반드시 교회는 건강하게 성장한다.

각자는 자신이 하나님으로부터 받은 은사가 무엇인지 체크를 해서 그 은사를 사용해야 한다. 하나님의 뜻은 은사를 묻어 두는 것이 아니라 사용하는 것이다. 은사를 적극적으로 사용할 때 성령님이 함께 역사하셔서 더욱 큰일을 행하게 하실 것이다. 우리 모두 하나님께 받은 은사로 하나님의 일을 성실히 행함으로 하나님의 마음을 시원케 해 드리자.

함께 생각하기

1. 지금 출석하는(담임하는) 교회는 은사의 다양성을 인정하고 있는가?

2. 지금 출석하는(담임하는) 교회는 각양의 은사를 지닌 성도들을 은사대로 적재적소에 배치하고 있는가?

3. 지금 출석하는(담임하는) 교회는 담임 목사가 선수로 직접 뛰고 있는가? 아니면 은사를 지닌 성도들이 사역 현장에 적극적으로 참여하고 있는가?

4. 자신이 하나님께로부터 받은 은사는 무엇이라고 생각하는가?

3장

열정적 영성

"라오디게아 교회의 사자에게 편지하라 아멘이시요 충성되고 참된 증인이시요 하나님의 창조의 근본이신 이가 이르시되 내가 네 행위를 아노니 네가 차지도 아니하고 뜨겁지도 아니하도다 네가 차든지 뜨겁든지 하기를 원하노라. 네가 이같이 미지근하여 뜨겁지도 아니하고 차지도 아니하니 내 입에서 너를 토하여 버리리라. 네가 말하기를 나는 부자라 부요하여 부족한 것이 없다 하나 네 곤고한 것과 가련한 것과 가난한 것과 눈 먼 것과 벌거벗은 것을 알지 못하는도다. 내가 너를 권하노니 내게서 불로 연단한 금을 사서 부요하게 하고 흰 옷을 사서 입어 벌거벗은 수치를 보이지 않게 하고 안약을 사서 눈에 발라 보게 하라. 무릇 내가 사랑하는 자를 책망하여 징계하노니 그러므로 네가 열심을 내라 회개하라. 볼지어다 내가 문 밖에 서서 두드리노니 누구든지 내 음성을 듣고 문을 열면 내가 그에게로 들어가 그와 더불어 먹고 그는 나와 더불어 먹으리라. 이기는 그에게는 내가 내 보좌에 함께 앉게 하여 주기를 내가 이기고 아버지 보좌에 함께 앉은 것과 같이 하리라. 귀 있는 자는 성령이 교회들에게 하시는 말씀을 들을지어다."(계 3:14~22)

종교개혁은 중세 로마 가톨릭교회가 성경이 가르치는 예수님의 영성을 떠나 기독교 근본에서 멀어진 것을 되돌리려는 운동이었다. 슈바르츠 목사는 자연적 교회 성장의 세 번째 요소로 '열정적 영성'을 제시했다. 요즘은 영성이라는 말이 아주 흔하게 사용된다. 그 뜻을 바로 알아야 한다. 영성(靈性)은 한자로는 '신령한 성품'이며 영어로는 정신적 존재를 의미하는 'Spirituality'라고 한다.

사실 영성이라는 말은 기독교가 전매특허를 낸 용어가 아니다. 모든 종교나 이념에는 영성이란 말이 있다. 스토아주의 영성, 불교 영성, 도교 영성, 공산주의 영성…. 소크라테스의 정신을 자기의 정신으로 내면화시켜 소크라테스의 정신대로 살아가는 사람을 스토아 철학자들이라고 하고 그들의 영성을 스토아주의 영성이라고 부른다. 1928년 아르헨티나에 '에르네스토 라파엘 게바라 데 라 세르나'라는 긴 이름의 아이가 태어났다. 그는 자라서 의사가 되었다. 그러다 공산주의 혁명 사상에 눈을 뜨면서 '인간의 질병을 치료하는 것보다 세계의 모순을 치료하는 것이 더 본질적인 문제'라고 판단, 멕시코 해방 전쟁, 쿠바 해방 전쟁에 참여해서 영웅이 되었다. 이후 쿠바 국립은행 총재, 재무장관이 되었지만 그 자리를 박차고 볼리비아 혁명에 투신했다가 1967년 10월 9일, 39세에 볼리비아 군에 생포된 후 사살되었다. 이 사람이 그 유명한 체 게바라다. 체 게바라와 같은 사람은 공산주의 영성을 가졌다 말할 수 있다. 9·11 테러로 미국은 물론 세계를 공포로 몰아갔던 빈 라덴과 같은 사람은 이슬람 영성에 투철한 사람이다.

이처럼 영성이란 자신이 보기에 가장 이상적인 정신을 자기의 정신으로 받아들이고 그 정신을 실천하기 위해 자기의 생명을 걸게 만드는 어떤 것을 의미한다. 이런 의미에서 심청전의 주인공인 심청이는 효(孝)라는 정신에 자신의 생명을 건 유교적 영성의 한 모범이라고 볼 수 있다. 그러면 기독교 영성이란 무엇인가. 기독교 영성은 역사 속에 사셨던 예수님의 삶과 인격, 정신을 본받아 살며 그의 성품을 내면화시키기 위해 스스로 교육과 훈련에 집중하는 것이다. 기독교 교육의 목표는 예수 그리스도를 닮아가는 것이다. 예수 그리스도의 삶을 본받아 작은 예수가 되어 사는 것이 바로 기독교 영성이다.

가끔 "목사님 저는 나이롱입니다"라고 말하는 신자를 만난다. 이 말은 나이롱 양말을 신었다는 뜻이 아니라 교회에는 나가지만 예수님의 삶과 가르침과는 거리가 먼 위선적인 삶을 살고 있다는 것을 고백하는 것이다. 이런 '나이롱 신자'들은 참 기독교 영성을 소유하지 못한 자들이라 말할 수 있다. 기독교 영성은 작은 예수로 사는 것을 뜻하기 때문이다.

기독교 영성은 훈련을 강조한다. 교회사를 돌아보면 청빈, 고독, 침묵, 봉사, 순종, 고백, 기도, 금식, 말씀훈련 등이 잘 지켜질 때 기독교는 부흥, 발전했다는 것을 알 수 있다. 기독교 영성과 일반 영성과 다를 바가 별로 없다고 생각할 수 있지만 분명히 기독교 영성과 여타 영성과는 다른 점이 있다. 무엇보다 기독교 영성은 하나님의 아들 예수 그리스도를 따라 살아나가는 것이라는 점에서 다른 영성과는 근본적으로 다르다. 또한 역사적 예수를 배우는 것으로 끝나지 않고 부활 승천하시고 성령 안에서 성도들을 찾아오셔서 우리 가운데 역사하시는 임마누엘의 하나님으로 만나는 것이다. 여기에 기독교 영성의 독특성이 있다.

일반 영성이 역사적 인격의 정신과 사상을 본받으려는 인본적인 영성인데 반해 기독교 영성은 역사적 예수의 성신과 삶을 계승하려는 인본적인 요소를 가질 뿐 아니라 오늘 우리 가운데 찾아오셔서 우리와 직접적으로 교제하시는 하나님이신 예수 그리스도와 인격적 관계를 추구하는 수직적이며 하나님 중심적 영성의 요소를 지닌다. 일반 영성은 엄격한 자기 훈련과 수양으로 성품을 바꾸려는 인간적 노력을 강조한다. 이에 반해 기독교 영성은 성령 안에서 우리에게 임재하신 주 예수 그리스도와의 인격적 교제의 삶을 살아가는 동안 그분께서 우리 안에 의와 빛과 성령의 열매를 맺게 해 주시는 것에 초점을 맞춘다는 점에 차이가 있다. 예수님은 과거 역사적으로만 존재하시는 것이 아니라 현재 우리와 사귐을 갖기 원하고 계신다. 그분은 지금도 우리와 함께 계신다.

"두세 사람이 내 이름으로 모인 곳에는 나도 그들 중에 있느니라."(마 18:20)

"내가 너희에게 분부한 모든 것을 가르쳐 지키게 하라. 볼지어다 내가 세상 끝날까지 너희와 항상 함께 있으리라 하시니라."(마 28:20)

하나님이신 주님은 세상 끝날까지 우리와 함께 계신다. 이것은 참으로 놀라운 사실이며 우리에게 얼마나 큰 위로를 주는지 모른다. 하나님과 함께 있으면 어느 누구도 우리를 해롭게 할 수 없다. 우리는 주님 안에서 안전하다. 사도 바울은 주님과의 사귐에 대해 이렇게 고백한다.

> "내가 그리스도와 함께 십자가에 못 박혔나니 그런즉 이제는 내가 사는 것이 아니요 오직 내 안에 그리스도께서 사시는 것이라."(갈 2:20 상반절)

'내가 주 안에, 주가 내 안에' 계신 것이다. 이런 하나님과의 합일된 상태가 기독교 영성의 진수라고 할 수 있다. 이 시대에 영성을 강조하지 않는 목사나 교회는 없다. 똑같이 영성을 말하는데도 성장하는 교회와 그렇지 않은 교회는 명확히 구분된다. 모든 교회가 영성은 강조하지만 모든 교회가 성장하는 것은 아니다. 무슨 문제가 있는 것인가. 나는 그 이유를 슈바르츠 목사의 자연적 교회 성장을 위한 8가지 질적 특성에서 찾을 수 있었다. 영성은 영성이로되, '열정적' 영성이 필요하다는 것이다. 바로 열정이 없는 것이 문제의 근원이다.

1. 열정적 신앙을 간직하라

"라오디게아 교회의 사자에게 편지하라 아멘이시요 충성되고 참된 증인이시요 하나님의 창조의 근본이신 이가 이르시되 내가 네 행위를 아노니 네가 차지도 아니하고 뜨겁지도 아니하도다 네가 차든지 뜨겁든지 하기를 원하노라. 네가 이같이 미지근하여 뜨겁지도 아니하고 차지도 아니하니 내 입에서 너를 토하여 버리리라."(계 3:14~16)

나는 23년 전 거룩한빛광성교회를 개척할 때 자연히 성장하는 교회에 대해 관심을 갖게 되었다. 소위 성장했다는 교회를 찾아 교회 성장의 이유를 유심히 관찰했다. 목사의 설교가 좋아 성장한 교회, 심방을 잘해서 성장한 교회, 문화 센터가 되어 성장한 교회, 건물을 잘 지어 성장한 교회 등 여러 성장의 요인들이 있었다. 그런데 담임 목사가 설교를 잘하는데도 성장하지 못한 교회, 건물을 잘 짓고도 성장하지 못한 교회도 있었다. 그래서 '이 외에 내가 생각하지 못한 어떤 요소가 있겠구나'라고 생각하며 현미경으로 관찰하듯 자세히 보니 성장하는 교회가 지닌 공통분모는 다름 아닌 '열정'이라는 사실을 발견하게 되었다. 성장하는 교회에는 한결같이 열정적인 목회자와 성도들이 있었다.

열정이 중요하다. 나는 전 목회 사역을 돌아볼 때 열정이야말로 가장 중요한 요소라고 생각한다. 진실한 학생이 '뻥이 심한' 학생과 학교에서 친구가 되었다. 진실한 학생은 학교에서 진실의 대명사로 통했다. 학창 시절에 뻥이 심했던 학생은 코미디언이 되었고 높은 인기를 구가했다. 진실의 대명사였던 학생은 목사가 되었다. 그런데 교회가 부흥하지 못했다. 진실한 목사님이 아무리 진실하게 설교를 해도 '아멘' 소리 하나 없다. 교회는 성장은커녕 현상 유지도 힘들게 됐다. 그런데 뻥이 센 친구 코미디언은 매일 사람들에게 거짓말을 하며 그들을 웃긴다. "연변에는 파리가 이렇게 큽니다. 150년 묵은 파리가 있습니다. 아니, 무려 700년 된 파리도 있다니까요." 도무지 말도 안 되는 소리를 내뱉는데도 사람들은 자지러진다. 그래서 조용한 자리에서 진실한 목사님이 그 친구에게 물었다. "야, 너는 매일 말도 안 되는 거짓말만 하는데 인기가 치솟고 나는 진실하게 진리만 말하는데도 교회는 부흥하지 못하는거냐?" 그 말을 들은 코미디언 친구가 말했다. "야, 진실표 목사 친구야. 자네는 그 흥미진진하고 짜릿한 진리를 거짓말처럼 맥 빠지게 말하지 않는가. 문제는 열정이야. 나는 거짓을 진리처럼 열정적으로 말해. 그러니 사람들이 나에게 열광하지. 사람들은 열정적인 사람을 좋아하거든." 그 말에 진실한 목사는 크게 감동을 받아 이후 열정적으로 외치며 설교했더니 결국 교회 부흥이 되었다는 전설 따라 삼천리 같은 이야기가 있다.

　예수님은 누구보다 열정적이셨다. 주님은 자신이 열정적이셨기에 열정적인 사람을 좋아하셨다. 계시록 3장 14절은 예수님을 '아멘이시며 충성되신 분'이라고 묘사한다. '아멘이시오'란 말은 '진실하신 분'이라는 뜻이다. '충성되다'는 '열정적'이라는 뜻이다. 진실하시고 열정적이신 주님이 말씀하신다. "차든지 덥든지 하라. 미지근하면 내 입에서 너를 토하여 내치리라." 아, 이 얼마나 두렵고 떨리는 말인가.

이 말씀을 들은 라오디게아 교회의 지리적·환경적 배경을 알아야 이 구절을 제대로 깨달을 수 있다. 라오디게아 북쪽 11km 지점의 히에리볼리라는 도시는 온천으로 유명했다. 그곳에서는 항상 펄펄 끓는 온천수가 넘쳐 나왔다. 한편, 남쪽으로 16km 떨어진 골로새 지방에는 차가운 냉천이 있었다. 거룩한빛광성교회가 있는 일산에도 옛날 차가운 우물이 있었던 모양이다. 일산 신도시 안에 냉천 초등학교가 있다는 사실에서 이를 유추해 볼 수 있다. 라오디게아 지방은 물 사정이 좋지 않았다. 그래서 라오디게아의 많은 사람들은 북으로는 히에라볼리 온천을 찾고, 남으로는 골로새의 냉천에 가서 물을 길어 왔다. 사람들은 북과 남으로 물을 찾아다녔다. 그러나 차지도 덥지도 않은 미지근한 라오디게아의 물은 알아주는 이가 없었다.

세상에서도 동일한 이치가 적용된다. 여당도 아니고 야당도 아니고, 길짐승도 아니고 날짐승도 아니면 박쥐와 같이 버림을 받게 마련이다. 신앙도 마찬가지다. 차거나 덥지도 않은 미지근한 신앙을 지닌 사람들은 결국은 내침을 당한다. 과거에 어머니들은 아기들이 배탈이 났을 때면 자신의 손가락을 아기 목까지 넣는다. 그러면 아기는 '왝'하고 토를 하게 된다. 이를 토악질이라고 한다. 그래도 안 되면 미지근한 물에 소금을 타서 먹이면 아기는 속에 있는 것까지 다 토해 버린다. 소화제가 없던 시절에 자주 사용된 민간요법이다. 라오디게아 지방의 이런 상황을 감안하면 "차든지 덥든지 하라. 미지근하면 내 입에서 너를 토하여 내치리라"라는 말씀을 이해할 수 있다.

미지근한 신앙으로는 어떤 일도 이룰 수 없다. 미지근한 영성을 갖고는 자신은 물론 남에게도 영향을 미칠 수 없다. 우는 사자와 같이 삼킬 자를 찾는 마귀를 대적해 이길 수 없다. 뜨거운 커피나 냉커피를 마시는 사람은 있어도 "미지근한 커피 좀 주세요"라고 말하는 사람은 없다. 병균도 미지근하고 음습한 곳에서 잘 번식한다. 마귀도 미지근한 신자를 집중 공격한다. 미지근하면 쉽게 타겟이 되어 온갖 죄악의 유혹이 밀려오게 되어 있다. 그러므로 열심을 품어야 한다. 열정적 신앙과 영성을 지녀야 한다. 만나는 사람에게 불을 붙일 수 있는 열정을 가질 때, 이 세상을 변화시키고 개혁하는 위대한 크리스천들이 될 수 있다. 가정과 직장, 이웃에게 믿음의 불을 붙일 수 있는 열정을 허락해 달라고 기도해야 한다.

> "공의를 갑옷으로 삼으시며 구원을 자기의 머리에 써서 투구로 삼으시며 보복을 속옷으로 삼으시며 열심을 입어 겉옷으로 삼으시고"(사 59:17)

'하나님의 겉옷은 열심'이라는 말씀에 유의해야 한다. 하나님은 열심히 우리를 추적하고 계신다. 아무리 보잘것없는 사람도 하나님의 열심에 의해 믿음의 사람으로 빚어진다. 예수님도 지금 하늘 보좌에서 열심히 우리를 변호하고 계신다. 우리는 하나님의 열심과 예수님의 열심을 본받아야 한다. 스스로 자신의 신앙이 뭔가 미지근하다고 판단된다면 불타는 열정을 달라고 하나님께 기도해야 한다. "불같은 성령님, 지금 내게 임하셔서 성령을 불을 주옵소서! 열정을 회복시켜 주옵소서!"라고 기도하면 응답 받게 되어 있다. 주 예수 그리스도를 온전히 만난 사람들은 한결같이 열정의 사람이 되었다. 복음의 용광로를 통과했기에 열정을 갖지 않을 수 없다. 복음과 하나님 나라에 대한 열정이 있는 사람들은 사나 죽으나 주를 위해 살며 주 예수 그리스도의 몸 된 교회를 위해 자신을 던지게 되어 있다.

2. 지속적 열정을 가져라

"네가 말하기를 나는 부자라 부요하여 부족한 것이 없다 하나 네 곤고한 것과 가련한 것과 가난한 것과 눈 먼 것과 벌거벗은 것을 알지 못하는 도다. 내가 너를 권하노니 내게서 불로 연단한 금을 사서 부요하게 하고 흰 옷을 사서 입어 벌거벗은 수치를 보이지 않게 하고 안약을 사서 눈에 발라 보게 하라. 무릇 내가 사랑하는 자를 책망하여 징계하노니 그러므로 네가 열심을 내라 회개하라."(계 3:17~19)

한번 뜨겁기는 쉽다. 그러나 오래도록 뜨거움을 유지하기는 대단히 어렵다. 한 방면에 뜨겁기는 쉬워도 여러 방면 모두 뜨겁기는 대단히 어렵다. 남녀 간의 사랑도 그렇다. 옆에 있는 사람들이 데일 정도로 불같이 뜨겁게 사랑하다가 갑자기 남남으로 갈라지는 경우가 있다. 다윗에게는 수많은 부인이 있었고, 그들이 낳은 아들이 17명이나 되었다. 맏아들인 암논은 이복 누이인 다말을 사랑하다 상사병이 났다. 아마도 다말이 절세미인이었던 모양이다. 암논에게는 요나답이라는 간교한 친구가 있었다. 그가 암논에게 계책을 알려 주었다. 암논이 병든 체하며 오래 누워 있으니 아버지 다윗 왕이 문병을 왔다. 그때 암논이 다윗에게 "누이 다말더러 간병 좀 하게 해 주십시오"라고 청했고 다윗은 그 청을 들어주었다. 암논은 간병하러 온 다말을 그만 겁탈하고 만다. 그런데 문제는 겁탈한 후에는 다말을 향해 불같이 타올랐던 연모의 정이 싸늘하게 식었고 오히려 미움이 싹터 결국 쫓아내버리고 말았다는 것이다. 이 일로 인해 다말의 오빠 압살롬이 암논에게 앙심을 품게 되었다. 암논은 결국 2년 후에 이복동생 압살롬에게 살해당했다. 암논은 처음에 그렇게 다말을 연모했지만 그 뜨거운 사랑의 감정은 오래가지 않았다. 이것이 인간의 한계다. 이은상 작사, 홍난파 작곡의 '사랑'이라는 가곡이 있다. 가사가 의미심장하다.

> "탈대로 다 타시오 타다 말진 부디 마소/ 타고 다시 타서 재 될 법은 하거니와/ 타다가 남은 동강은 쓸 곳이 없느니다/ 반타고 꺼질진대 아예 타지 말으시오/ 차라리 아니 타고 생나무로 있으시오/ 탈진댄 재 그것조차 마저 탐이 옳으니다."

사랑도 지속적으로 뜨겁게 하기가 쉽지 않은 것이 현실이다. 라오디게아 교회는 한때 열정으로 넘쳤던 교회였다. 그런데 그 열정이 오래 지속되지 못했다. 그 원인은 물질적 풍요에 있었다. 라오디게아 지방은 몇 가지 특산품으로 유명했다. 그곳에서는 질 좋은 검은색 양털이 생산되어 모직 산업이 융성했다. 의학도 발달해 안약이 유명했다. 내가 어렸을 때엔 종기로 고생하는 사람들이 많았다. 그때, '이명래 고약'의 신세를 지지 않은 사람이 없었다. 이명래 고약의 명성을 능가할 정도로 라오디게아 안약이 유명했다. 의약품과 모직물로 인해 라오디게아 사람들은 부자가 되었고 라오디게아 교인들의 신앙 열정은 물질에 대한 지나친 집착으로 인해 식어 버리고 말았다.

그래서 예수님은 이렇게 말씀하셨다. "네가 부자라 부족한 것이 없다 하나 믿음의 눈으로 보니 가난한 자로구나." "모직 옷으로 구원받을 수 없으니 어린양의 피로 씻은 세마포 흰옷을 입어야 한다." "너의 영적 상태를 볼 수 있도록 영의 안약을 발라 영안을 열어보라." "회개하고 다시 열심을 내라."

가난할 때 보다 부요할 때 특히 조심해야 한다. 주머니에 돈이 조금이라도 있으면 돈 쓰기에 바쁜 사람이 있다. 놀러 다니기에 정신이 없는 사람도 있다. 그러다보면 주일을 어기기 쉽다. 주일을 어기니 십일조를 떼먹게 된다. 그러면 하나님의 것을 도적질한 결과가 되어 믿음이 완전히 식어버리는 것이다. 결국에는 신앙을 버리고 "하나님이 어디 있냐?"고 반문하는 가련한 신세가 된다. 그래서 잠언 30장에서 현자 아굴은 이렇게 기도했다.

> "곧 헛된 것과 거짓말을 내게서 멀리 하옵시며 나를 가난하게도 마옵시고 부하게도 마옵시고 오직 필요한 양식으로 나를 먹이시옵소서. 혹 내가 배불러서 하나님을 모른다 여호와가 누구냐 할까 하오며 혹 내가 가난하여 도둑질하고 내 하나님의 이름을 욕되게 할까 두려워함이니이다."(잠 30:8~9)

부요해지면 세상을 사랑하게 된다. 이것이 자연적인 인간의 죄인 된 성향이다. 이를 특히 조심해야 한다. 세상을 사랑하니 하나님과 교회를 사랑하는 열정이 당연히 줄어들 수밖에 없다. 성경에 비극적인 이름이 하나 등장한다. 디모데후서 4장 10절에 나오는 데마라는 사람이다.

> "데마는 이 세상을 사랑하여 나를 버리고 데살로니가로 갔고 그레스게는 갈라디아로, 디도는 달마디아로 갔고"(딤후 4:10)

처음에는 열정적으로 바울을 따라 복음전파 사역을 도왔던 데마는 세상을 사랑해 로마 감옥에 갇힌 스승 바울을 버리고 떠나 버렸다. 그는 바울과 함께 복음을 전파한 믿음의 사람으로 세대에서 세대에 걸쳐 영광스런 이름을 남길 수 있었다. 그러나 데마는 세상을 사랑함으로써 결국 위대하고 풍성한 삶에 진입하지 못했다. 이것은 인생으로서는 너무나 비극적인 일이다. 끝까지 달려가야 한다. 노년으로 갈수록 더욱 힘차게 달려가야 한다. 그러기 위해서는 세상을 사랑해서는 안 된다. 하나님은 처음부터 끝까지 변함없는 열정으로 충성하고 사랑하는 사람에게 은혜를 베푸신다.

"우리 주 예수 그리스도를 변함 없이 사랑하는 모든 자에게 은혜가 있을지어다."(엡 6:24)

신자들은 어떤 경우에도 끝까지, 변함없이 주님을 사랑해야 한다. 주님을 사랑하는 그 마음을 갖는다면 지속적인 열정으로 봉사할 수 있다. 지속적인 열정으로 봉사하고 충성하며 사랑하기 위해서는 영적 훈련이 필요하다. 자동차가 오래 가려면 연료가 필요하다. 사람이 오래 일하려면 밥을 잘 먹어야 한다. 마찬가지로 죽도록 충성하려면 영의 양식인 말씀을 먹고, 성령 안에서 기도로 끊임없이 하나님 베푸시는 사랑의 교제를 해야 한다. 그럴 때 비로소 영적으로 충만해져 끝까지 충성스럽게 달려갈 수 있게 된다. 우리는 오직 말씀과 기도로만 온전해질 수 있다.

"그가 대답하되 내가 만군의 하나님 여호와께 열심이 유별하오니 이는 이스라엘 자손이 주의 언약을 버리고 주의 제단을 헐며 칼로 주의 선지자들을 죽였음이오며 오직 나만 남았거늘 그들이 내 생명을 찾아 빼앗으려 하나이다."(왕상 19:10)

선지자 엘리야는 아합왕 시절의 극심한 핍박 중에도 끝까지 믿음을 지켰다. 그는 하나님을 향한 뜨거운 열정이 있었기에 그 엄혹한 시절에도 불굴의 믿음을 간직할 수 있었다. 그런 열심을 가질 수 있었던 비결은 하나님과 끊임없이 교제하며 말씀을 지속적으로 들었기 때문이다.

라오디게아 교인들의 신앙 열정이 식은 것은 그들이 부자가 되었기 때문이다. 지난 역사를 보면 대부분 기독교 국가들은 국민소득 3만 달러가 되면 신앙적 열정이 식게 된다. 이것은 전 세계적으로 나타나는 현상이다. 우리나라의 GDP도 이제 3만 달러를 돌파했다. 지금이 대한민국의 신앙적 위기의 시대다. 지금이야말로 깨어 기도해야 할 때다. "하나님, 한국의 믿는 자들이 세상의 부요에 취해 신앙에서 떠나지 않게 하옵소서. 소득이 높아질수록 오히려 더욱 신앙의 열정이 불타게 하소서." 우리는 지속적인 열정을 갖고 하나님을 기쁘게 하고 교회를 부흥케 해야 한다. 우리 모두는 그런 사명을 지니고 있다.

3. 열심의 내용이 중요함을 알라

"볼지어다 내가 문 밖에 서서 두드리노니 누구든지 내 음성을 듣고 문을 열면 내가 그에게로 들어가 그와 더불어 먹고 그는 나와 더불어 먹으리라. 이기는 그에게는 내가 내 보좌에 함께 앉게 하여 주기를 내가 이기고 아버지 보좌에 함께 앉은 것과 같이 하리라. 귀 있는 자는 성령이

교회들에게 하시는 말씀을 들을지어다."(계 3:20~22절)

세상에서 제일 골치 아픈 자는 머리는 나쁜데 열심히 일하는 사람이다. 머리 나쁜 사람이 열심을 낼수록 일이 잘못되고 꼬이기 때문이다. 교회에서 열정적으로 봉사하고 충성할 때, 그것이 모두 하나님께서 기뻐하실 만한 봉사며 궁극적으로 교회를 성장케 하는 것인지를 점검해 보아야 한다.

먼저 하나님의 음성을 듣는 것이 중요하고, 다음으로는 하나님과 더불어 먹는 것이 중요하다. 열정적으로 일을 하기는 하지만 하나님의 음성을 듣지 않는 사람은 자신의 일을 하는 것이지 하나님의 일을 하는 것이 아니다. 그러므로 하나님과 더불어 먹는 식탁 교제가 있어야 한다. 영의 양식인 말씀을 먹으면서 하나님의 지시를 받고 뜻을 분별해야 하나님의 일을 할 수 있다. 지금 열심히 교회 봉사를 하는 사람들은 자신의 열정이 인간적인 동기에서 나온 것인지, 아니면 하나님을 향한 것인지를 점검해 보아야 한다.

사울은 바울이 되기 전에 대단한 열정으로 교회를 핍박했다. 그는 빌립보서에서 열심을 갖고 교회를 핍박했으며 율법의 의로는 흠이 없는 자였다고 옛적 자신을 고백하고 있다.

"열심으로는 교회를 박해하고 율법의 의로는 흠이 없는 자라."(빌 3:6)

사울이었던 시절에 그는 대단한 열심의 사람이었지만 그것은 잘

못된 열심이었다. 사람에게 보이려는 공명심에서 나온 열심이었다. 초대교회 평신도 중에 제일 유력한 두 사람이 있었다. 요즘으로 말하면 장로감인 사람들이었다. 바나바와 아나니아였다. 초대교회에 가난한 사람들이 몰려오고 공동체 생활을 하면서 가진 것을 서로 나누는 유무상통의 삶을 살게 되자 많은 비용이 필요하게 되었다. 이를 타개하기 위해 바나바는 자신의 밭을 모두 팔아 사도들 앞에 바쳤다. 그러자 남이 시키지도 않고, 누가 말하지도 않았지만 아나니아가 눈치를 보다가 자신도 전 재산을 다 팔아 교회에 바치겠노라 공언했다. 다 팔아 바치려 하다 보니 바나바가 바친 것보다 많았다. 불현듯 아까운 생각이 들어 아내인 삽비라와 상의하니 "절반만 바친다고 누가 알겠느냐?"는 말을 들었고 아나니아도 거기에 동의했다. 서로 마음이 통한 것이다. 그래서 절반은 감춰 두고 절반만 가져왔다. 베드로가 물었다. "이게 전부냐?" 아나니아가 답했다. "예, 전부입니다." 거짓말한 죄로 그 자리에서 아나니아와 삽비라 부부는 죽고 말았다.

어떻게 보면 아나니아와 삽비라는 성경에서 가장 억울한 죽음을 맞은 인물들이라고 할 수 있다. 인간적으로 이들의 봉사, 헌신, 충성은 놀랍고 대단한 것이었다. 아나니아와 삽비라는 열정적으로 봉사하려던 사람들이었다. 그러나 이들은 하나님을 보지 않고, 사람을 보며 거짓말을 했다. 이들은 초대교회의 거룩함을 지키시려는 하나님의 시범 케이스에 걸린 것이라고 생각된다. 결국, 열정의 모양보다 더 중요한 것은 열정의 내용이다. 칼이 중요한 것이 아니라 그 칼을 어떤 용도로 사용하느냐가 더 중요한 것과 마찬가지다. 칼이 강도의 손에 있으면 살인무기가 되지만 의사의 손에 들려 있으면 생명을 살리는 도구가 된다.

열정은 중요하다. 지속적인 열정은 더욱 중요하다. 그러나 가장 중요한 것은 열정의 내용이다. 그 열정이 하나님을 향한 열정이며 교회를 위한 열정인지가 중요하다. 이와 관련해 사도 바울의 고백을 들어보자.

> "나는 유대인으로 길리기아 다소에서 났고 이 성에서 자라 가말리엘의 문하에서 우리 조상들의 율법의 엄한 교훈을 받았고 오늘 너희 모든 사람처럼 하나님께 대하여 열심이 있는 자라."(행 22:3)

사도 바울은 오직 하나님께 대해 열심을 내었다. 회심한 이후 그는 더 이상 사람을 보지 않았다. 자신이 지닌 모든 세상적인 것을 배설물로 여겼다. 그는 오직 하나님 안에서만 발견되기 원했다. '세상과 나는 간 곳 없고, 구속한 주만 보이는 삶'을 살기 원해 진력했다. 이것이 바울을 위대한 사도가 되게 한 결정적 열쇠였다. 우리 역시 바울처럼 하나님께 대해 열심을 내어야 한다.

> "그가 우리를 대신하여 자신을 주심은 모든 불법에서 우리를 속량하시고 우리를 깨끗하게 하사 선한 일을 열심히 하는 자기 백성이 되게 하려 하심이라."(딛 2:14)

거듭난 그리스도인들은 선한 일에 열심을 내어야 한다. 요즘 운동을 열심히 하는 사람들이 많아졌다. 운동을 열정적으로 하는 것은 좋은 일이다. 육적으로 유익하다. 그러나 운동 잘하는 것이 내세에는 아무런 유익이 없다. 때론 쾌락에 열정적일 수 있다. 그것은 잠시 유익할 수 있지만 아침 안개와 같이 사라진다. 오직 하나님께 대해 한 것만이 영원히 남는다. 그러므로 우리는 하나님께 대한 선한 일에 열정을 가져야 한다.

초대교회 당시 로마에 율리우스라는 청년이 있었다. 하루는 꿈에서 한 사람이 찾아왔다. 율리우스는 그 사람에게 "나는 주를 위한 열심이 있노라"라고 자랑했다. 그러자 그 사람은 율리우스더러 그 열심을 보여 달라 했다. 율리우스는 가슴에서 열심 덩어리를 꺼내 보여 줬다. 그 사람은 율리우스의 열심을 저울에 달아 보았다. "굉장히 많이 나가는군요. 100근이나 나갑니다." 그 말을 들은 율리우스는 우쭐한 마음이 들었다. '그럼 그렇지'라고 생각하니 어깨가 으쓱해졌다. 그런데 그 사람은 율리우스의 가슴에서 나온 열심 덩어리를 뜨거운 물에 넣고 녹여 구성 성분을 밝혀냈다. "아, 구성 성분을 보니 야심이 30근, 의심이 30근, 명예심이 30근이 되는데 예수님 사랑은 10근밖에 안 되는군요." 율리우스는 부끄러워 고개를 들지 못했다. 꿈에서 깬 후에 그는 오직 주님을 향한 열정만을 간직해 나갔고 결국 훗날 성자라 불리게 되었다. 초대교회의 성자전에 나오는 이야기다. 우리는 흔히 우리의 야심과 의심, 명예심을 하나님을 향한 열정으로 둔갑시키곤 한다. 섞인 것이다. 섞여서는 결코 하나님 나라에 들어갈 수 없다. 순도 100%가 되도록 노력해야 한다. 그래서 오직 하나님을 향한 열정만이 남을 수 있도록 자신을 죽여야 한다.

> "내가 하나님의 열심으로 너희를 위하여 열심을 내노니 내가 너희를 정결한 처녀로 한 남편인 그리스도께 드리려고 중매함이로다."(고후 11:2)

중매쟁이의 열심에 따라 결혼의 성사 여부가 달려 있다. 사도 바울은 우리와 그리스도를 연합시키기 위한 열정에 사로잡혔던 인물이다. 그의 가슴은 모든 사람들이 구주 예수를 신랑으로 받아들이게 하는 소망으로 가득 찼다. 우리 모두가 사도 바울과 같이 한 생명을 어두움 가운데서 불러내어 빛 되시는 그리스도께 인도하려는 강한 열정을 갖는다면 교회는 구원받는 사람들로 인해 부흥, 성장하게 될 것이다.

우리 모두는 예수님의 인격과 정신을 본받아 영성 충만한 작은 예수가 되어야 한다. 이 시대의 사도 바울로서 열정적 영성의 소유자가 되어 수많은 사람들을 주님께로 인도해야 한다. 그래서 모두가 별과 같이 빛나는 사람이 되어야 한다. 그리스도인들은 결코 이 소망을 버리지 않아야 한다.

1. 나에게는 하나님을 향한 불타는 열정이 있는가? 나의 '열정 지수'는 어느 정도인가? 가장 약한 쪽을 0으로, 가장 강한 쪽을 10으로 할 때 나는 지금 어디에 있는가?

2. 나로 하여금 하나님을 향한 열정이 '지속되지 못하게 하는' 요인 3가지를 거론하라.

3. 나의 가슴에서 나온 열심 덩어리를 뜨거운 물에 넣고 녹여 구성 성분을 밝혀내어 보면 어떤 것이 나오겠는가? 율리우스의 경우를 참고하라.

4. 사도 바울과 같은 열정적 영성의 소유자가 되기 위한 헌신의 각오를 기록하라.

4장

역동적 조직
(Dynamic System)

"이튿날 모세가 백성을 재판하느라고 앉아 있고 백성은 아침부터 저녁까지 모세 곁에 서 있는지라. 모세의 장인이 모세가 백성에게 행하는 모든 일을 보고 이르되 네가 이 백성에게 행하는 이 일이 어찌 됨이냐 어찌하여 네가 홀로 앉아 있고 백성은 아침부터 저녁까지 네 곁에 서 있느냐. 모세가 그의 장인에게 대답하되 백성이 하나님께 물으려고 내게로 옴이라. 그들이 일이 있으면 내게로 오나니 내가 그 양쪽을 재판하여 하나님의 율례와 법도를 알게 하나이다. (…) 큰 일은 모두 네게 가져갈 것이요 작은 일은 모두 그들이 스스로 재판할 것이니 그리하면 그들이 너와 함께 담당할 것인즉 일이 네게 쉬우리라. 네가 만일 이 일을 하고 하나님께서도 네게 허락하시면 네가 이 일을 감당하고 이 모든 백성도 자기 곳으로 평안히 가리라. 이에 모세가 자기 장인의 말을 듣고 그 모든 말대로 하여 모세가 이스라엘 무리 중에서 능력 있는 사람들을 택하여 그들을 백성의 우두머리 곧 천부장과 백부장과 오십부장과 십부장을 삼으매 그들이 때를 따라 백성을 재판하되 어려운 일은 모세에게 가져오고 모든 작은 일은 스스로 재판하더라. 모세가 그의 장인을 보내니 그가 자기 땅으로 가니라." (출 18:13~27)

슈바르츠 목사의 자연적 교회 성장의 8가지 질적 특성 가운데 4번째가 '기능적 조직'이다. 기능적 조직(機能的 組織)은 조직원 각자가 제 기능을 발휘해 능력을 나타낼 수 있도록 조직이 잘 갖추어져 있는 상태를 말한다. 기능적 조직이라는 말에 거부감을 갖는 두 부류의 사람들이 있다.

먼저 '영성을 강조하는 사람'들은 조직이라는 말 자체가 영적인 것과 관계가 없다며 거부감을 표한다. 이들은 교회 일을 할 때엔 어떤 경우든 인간적인 요소는 배제하고 하나님의 음성을 듣고 지시를 받아야 한다고 강조한다. 이 주장은 대단히 신령하게 보이지만 그 속에는 위험성이 내포되어 있다.

하나님은 우리에게 모든 일을 일일이 지시하지 않으신다. 왜냐하면 성경 말씀을 이미 계시로 주셨기 때문이다. 대부분 성경 말씀대로 행하되, 성경의 해석이 필요한 부분은 기도하고 성령의 인도하심을 받으면 된다. 그러나 교회 운영의 조직적인 면을 간과해서는 안 된다. 사도 바울도 규모 있게 행할 것을 여러 번 각 교회들에게 당부했다.

"형제들아 우리 주 예수 그리스도의 이름으로 너희를 명하노니 게으르게 행하고 우리에게서 받은 전통대로 행하지 아니하는 모든 형제에게서 떠나라. 어떻게 우리를 본받아야 할지를 너희가 스스로 아나니 우리가 너희 가운데서 무질서하게 행하지 아니하며"(살후 3:6~7)

6절의 '게으르게'와 7절에 '무질서하게'라는 말은 모두 헬라어 '아타카테오'에서 나온 단어로 '규모 없이, 게으르게, 무질서하게'라는 뜻이다. 교회 일을 하는데 비조직적으로 행하는 것을 조심하라고 경고한 말씀이다. 사실 모든 공동체에 있어서 조직은 중요하다. 건강한 조직을 만드는 것이 성공의 필수 조건이다. 조직이 탄탄할 때, 사람들은 안전감을 느낀다.

　　또한 '전통적 교인'들도 '기능적'이라는 말에 거부감을 보인다. 전통주의자들은 기능적이라는 말을 '비신학적이고 영적이지 못한 것'이라고 생각하는 경향이 있다. 그러나 기능적이라는 말의 본래 의미가 '자기 능력을 발휘하는 상태'라는 사실을 이해한다면 거부감은 사라질 것이다. 전통에 얽매인 공동체에선 그저 전통과 연륜, 고참을 따르게 되기에 새신자나 젊은이들은 자신의 능력을 발휘할 수 있는 기회를 얻지 못하게 된다. 그러나 하나님께서는 모든 성도들(고참이나 새신자, 청년과 노년)이 자신의 은사를 유감없이 발휘해 교회를 세워나가는 것을 기뻐하신다.

　　온고지신(溫故知新)이란 말이 있다. '옛것을 익혀 그것을 바탕으로 새로운 것을 알게 된다'는 뜻이다. 전통을 무시하면 안 된다. 전통을 익혀야 한다. 그러나 거기에만 머물러서는 안 된다. 옛것을 익히는 것과 동시에 전통을 뛰어넘어 새롭게 전진해야 한다. 신앙 선배들의 말만 평생 들을 수는 없다. 그러면 창조적 발전을 하기가 어렵다. 다음 세대가 선배들의 어깨 위를 넘어 전진해 나가야 한다. 이것이 '기능적'이라는 말 속에 담겨 있는 깊은 뜻이다.

그래서 나는 기능적 조직이라는 말보다는 '유기적 조직', '효율적 조직', '생동하는 조직', '역동적 조직'이라고 쓸 것을 제안한다. 그 중에 가장 적합한 말이 '역동적 조직'이다. 역동적 조직(力動的 組織)은 힘차고 활발하게 움직이는 조직이다. 영어로는 다이내믹(Dynamic)한 조직이다.

거룩한빛광성교회는 개척 초기부터 은사 중심적인 조직을 만들기 위해 노력했다. 직분에 맞는 권위는 인정하되 전통적 교회의 폐단인 권위주의로 인한 갈등을 최소화하기 위해 철저히 섬기는 교회를 추구했다. 사람들은 익숙해진 상태 그대로 머무르려 한다. 좀처럼 익숙한 것과 결별하려 하지 않는다. 그러나 교회가 처한 환경은 급속히 변하고 있다. 비조직적·권위주의적인 성향은 교회 공동체를 퇴보하게 만든다. 일본에서 '정리의 여왕'이라는 소리를 듣는 곤도 마리코는 물건을 정리할 때, "설레지 않는 것은 버려라"고 말한다. 이 말이 일본은 물론 한국에도 큰 반향을 일으켜 '미니멀리즘'을 확산시켰다. 그렇다. 설레지 않는 것은 버려야 한다.

교회는 그리스도의 몸이다. 몸에는 여러 기관이 있다. 모든 기관이 각각의 기능을 잘 감당할 때 몸이 건강하게 유지된다. 교회에서도 마찬가지다. 구성원 각자가 자신의 역할을 역동적으로 행해 나갈 때 건강한 교회, 성숙하고 성장하는 교회가 될 수 있다.

그리스도의 몸인 교회는 살아있는 생명체다. 몸의 사지백체(四肢百體)가 조직적 통제 조절 시스템에 의해 작동되는 것을 유기적이라고 말한다. 유기적(有機的, Organic)이란 전체를 구성하고 있는 각

부분이 생물체처럼 서로 밀접하게 관련을 지니고 있어 떼어낼 수 없는 상태다. '기능적 조직'은 유기적이며 역동적이어야 한다. 그래야 어떤 변화에도 신속하고 유연하게 대응할 수 있다. 구소련은 한때 세계의 절반을 붉게 물들인 공산주의 종주국이었지만 변화를 관리하지 못해 무너지고 말았다.

기능이 유연하게 발휘되는 역동적인 조직만이 새로운 환경 속에서도 생존할 수 있다. 어느 조직이나 바람이 불고, 낙엽이 지는 시절이 다가오며 혹한의 시련을 겪을 때가 있다. 겨울이 다가오면 나무는 낙엽을 떨구고 구조조정에 들어간다. 각 잎사귀에 전달하는 영양 공급을 줄인다. 그래서 노랗고 빨갛게 단풍이 든다. 나무는 추운 겨울을 잘 견디기 위해 줄기와 잎자루 사이에 '떨켜'를 만들어 몸체의 일부를 과감하게 잘라버린다. 잘라진 부분이 낙엽이 되는 것이다. 나무는 살아남기 위해서 미적거리지 않고 냉정하다. 이것이 나무의 기능적 조직행태이다. 이렇게 함으로써 나무는 죽지 않고 겨울을 견딘 후 봄이 올 때 신록으로 거듭나는 것이다.

4차 산업혁명이란 급격한 변화의 시기를 맞이해 교회는 전통적 조직을 기능적 조직으로 바꿔 역동적 조직으로 거듭나야 한다. 거룩한빛광성교회는 은사 중심적으로 조직을 구성하는 것 외에도 조직의 리더를 당회에서 임명하지 않는다. 당회는 지원 조직이다. 각 부서의 구성원들이 부장, 팀장, 위원장을 스스로 뽑는다. 자율적인 조직 운영 시스템을 유지하고 있다. 사실 이는 한국 교회 구조에서 쉽지 않은 결정이었다. 그럼에도 그렇게 한 것은 각 구성원들이 자신의 은사를 갖고 섬길 때 역동적 조직이 될 것을 확신했기 때문이었다. 각 성도들이 한 명도 예외 없이 은사대로 각 부서에 들어가 섬기는 역동적 조직을 만들다 보면 건강한 교회로 성장하게 된다. 한국 교회가 이런 역동적이고 유기적인 교회가 되기를 간절히 바란다.

1. 새 술은 새 부대에 담아라

예수님께서는 "새 술은 새 부대에 넣어야 한다"고 말씀하셨다.

> "새 포도주를 낡은 가죽 부대에 넣는 자가 없나니 만일 그렇게 하면 새 포도주가 부대를 터뜨려 포도주와 부대를 버리게 되리라. 오직 새 포도주는 새 부대에 넣느니라 하시니라."(막 2:22)

이스라엘에서는 포도농사를 많이 짓는다. 해마다 포도 수확 철이 오면 많은 포도를 수확한다. 이스라엘 농부들은 수확 철에는 많은 포도를 한꺼번에 다 먹어 치울 수도 없고, 보관 방법도 없었기에 포도를 두 가지로 가공한다. 하나는 오래도록 먹을 수 있는 건포도로 만든다. 또 한 가지는 포도주를 만들어 음료로 마시는 것이다. 옛날엔 병이 없었고 무거운 독만 있었다. 여행할 때 포도주를 갖고 가기 위해 고안된 것이 양가죽으로 만든 가죽 부대였다. 그런데 오래된 낡은 가죽 부대에 새 술을 담아 여행을 하다 보면 부대가 터져 술을 모두 버리는 경우가 많았다. 새 술은 발효가 한참 진행되고 있기에 화학적 반응이 왕성하다. 낡고 신축성이 없는 오래된 가죽 부대는 새 술의 화학작용을 견디지 못하고 터져버리게 된다. 이런 환경 속에서 '새 술은 새 부대에'란 말이 나왔다. 여기서 낡은 가죽 부대는 낡은 전통을, 새 술은 새 시대·새 환경·새 문화를 뜻한다.

낡은 전통을 바꾸지 않는 단체나 사회는 새로운 시대와 환경을 담아낼 수 없다. 지금 세상의 변화 속도가 너무나 빠르다. 그야말로 정신없이 빠르게 변화하고 있다. 얼마나 시대 변화가 빠른지 수박의 예를 들어보겠다. 수박은 여름날, 최고의 자연 음료수 역할을 했다. 수분이 많아 먹으면 맛도 있고 갈증을 해소시켜 준다. 수박하면 누구나 짙푸른 색의 둥그런 공 같은 모양을 연상한다. 수박을 '쩍' 쪼개면 빨간 속에 까만 씨가 촘촘히 박혀 있다. 우리 모두 눈을 감고도 그런 모양을 그릴 수 있다. 그런데 오래전, 우장춘 박사에 의해 씨 없는 수박이 우리나라에 알려졌다. 그때는 '그런가 보다. 그럴 수도 있겠다'라고 생각했다. 그런데 몇 년 전 벽돌과 같이 착착 쌓을 수 있는 네모난 수박이 나왔다. 그 정도만이 아니다. 겉이 노란 수박이 나와 호박인지 수박인지 헷갈리게 하더니, 요즘엔 아예 속까지 노란 수박이 등장했다.

세상은 급속히 변하지만 교회는 변하지 않고 있다. 오히려 변화를 거부한다. 새로운 수박이 나오면 노랗다고, 네모나다고, 씨가 없다고 불평한다. 그런 것들은 수박이 아니라면서 거부하고 먹지 않는다. 그러나 그렇게 되면 새로운 수박을 경험할 수 없게 된다. 교회 역시 시대의 거센 변화 흐름을 타야 한다. 새로운 수박을 먹으며 '아, 수박이 이렇게 변화되었구나'라고 받아들이면 된다. 새로운 수박을 맛보아 알 때, 새로운 맛의 세계로 들어갈 수 있다. 마찬가지로 전통을 바꾼다고 교회가 없어지는 것도, 복음이 없어지는 것도 아니다. 본질적인 것은 고수하면서도 비본질적인 것은 과감하게 바꾸어 나갈 수 있어야 한다. 성 어거스틴은 "본질적인 것에는 일치를, 비본질적인 것에는 자유를, 모든 것에 사랑을"이라는 유명한 말을 남겼다. 존 스토트 목사는 '균형 잡힌 기독교'란 책에서 이 말을 언급하면서 본질적인 복음의 메시지는 생명을 걸고 고수해야 하지만 많은 비본질적인 부분에서는 유연성을 발휘해야 우리의 기독교가 균형 감각을 갖게 된다고 말했다. 한국 교회도 이 말을 깊이 명심해야 할 것이다.

> "이튿날 모세가 백성을 재판하느라고 앉아 있고 백성은 아침부터 저녁까지 모세 곁에 서 있는지라. 모세의 장인이 모세가 백성에게 행하는 모든 일을 보고 이르되 네가 이 백성에게 행하는 이 일이 어찌 됨이냐. 어찌하여 네가 홀로 앉아 있고 백성은 아침부터 저녁까지 네 곁에 서 있느냐. 모세가 그의 장인에게 대답하되 백성이 하나님께 물으려고 내게로 옴이라. 그들이 일이 있으면 내게로 오나니 내가 그 양쪽을 재판하여 하나님의 율례와 법도를 알게 하나이다. 모세의 장인이 그에게 이르되 네가 하는 것이 옳지 못하도다. 너와 또 너와 함께 한 이 백성이 필경 기력이 쇠하리니 이 일이 네게 너무 중함이라 네가 혼자 할 수 없으리라."(출 18:13~18)

모세는 장인 잘 만나 큰 덕을 본 사람이다. 미디안의 족장이었던 장인 이드로가 모세를 방문해 보니 사위가 너무 바빠 말 건넬 시간조차 없었다. 하루 종일 백성들을 재판하고 있었다. 너무 줄이 길어 백성들은 재판을 기다리다 일사병으로 졸도하기까지 했고 도처에서 원망이 터져 나왔다. 그 비능률적인 장면을 목격한 이드로는 자기의 경험을 바탕으로 모세에게 충고했다. 그런데 도대체 애굽을 탈출한 이스라엘 공동체에 무슨 재판 받을 일이 그렇게 많았을까? 당시 이스라엘 공동체는 급격한 경제 호황의 상황을 맞이했다. 갑자기 금은보화가 생기면서 사람들은 사치품에 눈을 뜨게 됐고 시장경제가 이뤄졌다. 출애굽기 17장에 나오는 아말렉과의 전쟁에서 이스라엘군은 아론과 훌이 모세의 손을 들어 기도하도록 함으로써 큰 승리를 거뒀다. 전쟁 승리 후 수많은 전리품을 노획할 수 있었다. 백성이 보물을 서로 차지하려는 과정에서 수많은 분쟁과 다툼이 일어났다. 그러다 보니 송사가 과거와 비교할 수 없을 정도로 많아졌다. 이렇게 세상은 변했는데 모세는 전통적 방법으로 백성을 다스리고 있었다. 그는 제사장과 재판관과 왕의 사역을 모두 혼자 감당하는 원시적 통치 방식을 행사하고 있었다. 그 결과가 어떠했는가?

"백성들이 아침부터 저녁까지 섰는지라."(13절) -무더운 광야에서 얼마나 지치고 힘들었겠는가?

"선하지 못하다."(17절) -이는 '능률적이거나 지혜롭지 못하며 최선책이 아니다'는 뜻이다. 아무리 선한 일이라도 주먹구구식으로, 무계획적으로 하면 안 된다. 효율적으로 운영하는 지혜가 있어야 한다.

"그대와 백성이 모두 기력이 쇠하리니 이 일이 그대에게 중하다. 그대가 혼자 할 수 없으리라."(18절) -일을 혼자 하지 말고 나눠 하라는 충고다.

전통적 조직하에서는 모든 권한이 위에 쏠려 있기에 아랫사람들에게는 권한도, 책임도 없다. 그런 조직으로는 새 시대를 열어갈 수 없다. 시대적 변화의 물결은 전통적 조직의 틀을 바꿀 것을 요구하고 있다. 새 술은 새 부대에 담아야 한다. 과거의 전통적인 틀에 얽매이다가는 새로운 경쟁에서 도태된다. 교회도 예외일 수 없다. 서구 교회에서는 오래전부터 교회 운영에 경영학 개념을 도입했다. 우리나라에도 1990년대 후반부터 교회에 경영학이 도입되기 시작했다. 지난 20여 년 동안의 가장 두드러진 사회 가치관의 변화는 조직 내 관료주의의 붕괴와 상하관계의 퇴조라고 할 수 있다. 10여 년 전 대통령이 농업장려행사 참석차 대구를 방문했을 때, 각본에 없었던 농민대표가 갑자기 일어나 "대통령께 드릴 말씀이 있습니다"라고 하자 경호원들이 그의 입을 막고 끌어냈다. 이 일로 여론의 아우성이 빗발치자 청와대 비서관이 대구에 내려가 사과를 해야 했다. 과거 권위주의 정부 때에는 있을 수 없는 일이었다.

바로 세상이 이렇게 바뀐 것이다. 대통령은 왕이 아니다. 이제는 시장이나 국회의원직을 수행하기가 참 어려운 시절이 됐다. 전통적 관습을 바꾸지 않으면 뭔가를 잘 하기가 어렵도록 여러 상황이 변화

됐다. 이제 세상에서는 수평적 인간관계와 쌍방향 의사소통 및 결정이 보편화됐다. 기업에서는 전통적 임금체계가 무너져 각자의 능력에 의해 받는 연봉제가 일반적이 되었다. 팀제로 운영되는 부서도 많아지고 있다. 윗사람이 아랫사람 점수를 매기던 인사고과가 이제는 아랫사람이 윗사람의 점수를 매기는 부서장 평가 방식으로 바뀌고 있다. 대학교에서는 학생들이 교수의 강의를 평가하는 시스템이 정착됐다. 의사 결정권이 상층부에 집중되어 있는 관료주의가 급속도로 붕괴되고 있는 것이다. 처음에는 저항도 있었지만 이젠 시대 변화에 따른 자연적이고 당연한 흐름으로 받아들여지고 있다.

농업과 목축사회와 같은 단순하고 안정적인 환경에서는 상하관계가 엄격하고 일사분란하게 움직이는 기계적 조직이 적합했다. 그러나 복잡다기하며 가변적인 정보사회에서는 개인적 능력과 독창성, 수평적 연결이 중시되는 '유기적 조직'(Organic Structure)으로 변화될 수밖에 없다. 그것이 절대적으로 유리하기 때문이다. 우리는 지금 산업화 사회에서 정보화 사회로 급속히 변화되는 시점을 살아가고 있다. 성도들의 삶의 현장에서는 급속한 정보화의 물결이 흐르고 있는데 교회 안에서는 농업과 목축 기반의 시스템만 있고 그것만을 고집한다면 시대 흐름에 도태되는 것은 필연적이다. 사실 그런 전통적 시스템에서는 목사가 제일 편할 수 있다. 별다른 고민 없이 그저 하던 대로 하면 되기 때문이다. 그러나 그런 교회에 미래는 없다. 뭔가를 바꿔야 미래가 보인다. 없앨 것은 바로 없애야 한다. 적용시킬 것은 주저 없이 적용시켜야 한다. 그래야 살아남을 수 있다.

변화의 물결은 타기가 어렵지 일단 타고 나면 그 흐름을 따라가면 되기에 오히려 편하다. 그러나 변화를 시작하는 것은 결코 쉽지 않다. 용기와 결단이 필요하다. 안전지대를 탈피하려는 과감한 창조성이 요구 된다. 익숙한 것과의 결별을 통해서 미래는 열린다. 이것이 우리 시대에 전통적 조직을 벗고 '새 술을 새 부대에 담는' 진정한 의미다.

> "그런즉 누구든지 그리스도 안에 있으면 새로운 피조물이라. 이전 것은 지나갔으니 보라 새 것이 되었도다."(고후 5:17)

이제는 목사 혼자 일하고 모든 일이 당회의 중직자들에 의해서만 진행되는 비능률적이고 수직적 구조의 조직 시스템에서 벗어나야 한다. 목사와 중직자, 성도들이 함께 수고하며 함께 상을 받을 수 있는 수평적 조직으로 거듭나야 한다. 이제 교회는 변해야 살아남을 수 있다. 본질적인 것에는 일치를, 비본질적인 것에는 다양성을, 이 모든 것 위에 사랑이 넘치는 한국 교회가 되어야 한다. 새 술은 새 부대에 담겨져야 한다. 그래야 이 시대의 교회에 새벽이슬 같은 다음 세대들이 역동적인 시스템 안에서 잘 성장하여 다시 한번 푸르디푸른 그리스도의 계절이 도래할 것이다.

2. 지도자를 키워라

과거에는 지식과 정보, 기능과 권한을 소수의 지도자들이 독점했다. 그러나 요즘은 민주화와 정보화 덕분으로 지식의 습득이 보편화되었고, 많은 사람들이 정보를 공유하게 되었다. 그 결과로 권한은 자연스럽게 분산되고 있다. 시대가 얼마나 달라지고 있는지 단적인 이야기를 하나 해보겠다.

10여 년 전 청소년 대상 잡지인 '10대들의 둥지'를 운영하고 있을 때의 이야기다. 일산 저동고등학교 1학년 한 반 학생들 전원이 정오에 파티를 벌였다. 생일파티가 아니라 그 반 남녀 학생이 연애한지 백일이 되어 반원들이 축하파티를 열어준 것이다. 과거에는 상상도 못할 일이다. 그런데 이게 요즘 아이들의 생각과 가치관이다. 어른들이 생각하기엔 기가 막힐 노릇이지만 아이들에게는 너무나 당연한 일이다. 세상이 변하고 있다.

이렇게 급속히 변해 가는 세상 속에 존재하는 교회가 '21세기에 19세기를 살고 있는 존재'가 되어선 안 된다. 그렇게 될 경우 점점 더 세상과 심각한 괴리 현상에 직면할 것이다. 본질은 더욱 분명하게 지키고 빛내야 한다. 그러나 방법은 부드럽게 바꿔야 한다. 우리가 당면한 최고의 문제는 변화하는 세상 속에서 변함없는 복음을 어떻게 전하는가에 있다. 메시지(복음·Message)는 확고히 지켜야 하지만 그 메시지를 전하는 메소드(Method·방법)는 시대의 흐름과 더불어, 아니 시대의 흐름을 넘어서 다양하게 변화되어야 한다. 그 방법 가운데 가장 중요한 것은 지도력을 평신도들에게 위임하는 일이다. 무엇보다도 교회의 지도자감을 찾아야 한다. 지금 찾지 못한다면 기존 성도 가운데에서 잠재력 있는 사람을 키워서 지도력을 위임해야 한다.

> "이제 내 말을 들으라 내가 네게 방침을 가르치리니 하나님이 너와 힘께 계실지로다. 너는 하나님 앞에서 그 백성을 위하여 그 사건들을 하나님께 가져오며 그들에게 율례와 법도를 가르쳐서 마땅히 갈 길과 할 일을 그들에게 보이고 너는 또 온 백성 가운데서 능력 있는 사람들 곧 하나님을 두려워하며 진실하며 불의한 이익을 미워하는 자를 살펴서 백성 위에 세워 천부장과 백부장과 오십부장과 십부장을 삼아 그들이 때를 따라 백성을 재판하게 하라 큰 일은 모두 네게 가져갈 것이요 작은 일은 모두 그들이 스스로 재판할 것이니 그리하면 그들이 너와 함께 담당할 것인즉 일이 네게 쉬우리라."(출 18:19~22)

이드로는 사위 모세에게 지도자를 키우는 것이 급선무라고 말하고 있다. 먼저 말씀대로 율례와 법도를 잘 가르쳐 갈 길과 할 일을 그들에게 보여주라는 것이다. 또한 지도력의 정도에 따라 역할을 맡겨 나가는 것이 중요하다. 어떤 이에게는 십부장을, 어떤 이에게는 오십부장이나 백부장을, 보기에도 큰 능력을 가진 이에게는 천부장을 맡겨 그들이 백성을 다스리도록 하는 일이 매우 중요하다고 이드로는 강조하고 있다.

이드로는 지도자를 세울 때 어떤 기준을 가져야 할지에 대해 "능력 있는 사람을 세우라"고 말한다. 그럼 능력 있는 사람은 누구인가. 이전 성경 번역에는 '재덕이 겸전한 자'라고 되어 있다. 재덕(才德)이 겸전(兼全)한 자라는 말의 뜻은 '재주가 있으면서도 덕망이 있는 사람'이라는 뜻이다. 사람 가운데에는 재승박덕한 사람들이 있다. 재승박덕(才勝薄德)은 '재주는 많으나 덕이 부족함'을 뜻한다. 공동체가 편안하기 위해서는 후덕한 사람이 지도자가 되어야 한다. 물론 덕만 있어서는 안 된다. 재주도 뛰어나고 덕도 있어야 한다. 재덕이 겸전한 자를 찾아 지도자를 세워야 한다.

다음으로는 '하나님을 두려워할 줄 아는 사람', 즉 경건하며 하나님의 임재를 늘 느끼며 사는 사람이라야 신앙공동체의 지도자가 될 수 있다. 또한 '진실무망한 사람', 즉 진실하며 허물이 없는 사람이라야 한다. 마지막으로는 '불의한 이익을 미워하는 사람', 즉 청렴하고 뇌물을 싫어하며 사사로운 이를 탐하지 않는 강직한 사람을 지도자로 세워야 한다.

이드로는 이 같은 자격 조건을 지닌 사람을 찾아 지도자로 세우라고 권면하고 있다. 정말 꼭 필요한 말이다. 여기에 한 가지 덧붙이자면 '시대를 읽고 미래의 비전을 지닌 자'를 지도자로 세울 때, 공동체가 전진해 나갈 수 있다. 요즘 지도자론에서 강조하는 내용이다.

목사를 비롯한 교회 지도자들은 이런 조건을 갖춘 일꾼들을 찾아 평신도 지도자로 세우고 적합한 책임을 주어야 한다. 미국의 전설적인 미식축구 코치였던 베어 브라이언트(Bear Bryant)는 앨라배마대

코치로 25년간 재직하면서 6번의 전국 챔피언십과 13번의 대회 챔피언십을 거머쥐었다. 1982년 은퇴할 때 그는 대학 경기에서 323승을 거둔 경이적인 기록의 소유자가 되었다. 누군가 그에게 승리의 비결을 물었을 때 그는 이렇게 답했다. "무엇이 잘못되었을 때는 내 책임입니다. 무언가 좀 잘 되었을 때는 우리가 해낸 것입니다. 정말 잘 되었을 때는 당신이 한 것입니다. 이것이 경기에서 승리하는 비결의 모든 것입니다."

이 말 속에서 칭찬이 최상의 지도력임을 눈치챌 수 있다. 교회의 지도자들은 평신도 지도자들을 발굴해 끊임없는 격려로 그들을 키워나가야 한다. 한번은 베어 브라이언트가 리더십 전문가인 존 가드너와 대화하며 이렇게 말했다. "나는 내 선수들이 그들 자신이 생각하는 것보다 훨씬 낫다는 걸 잘 알고 있어요. 어떻게 해야 그들에게서 최선을 뽑아낼 수 있을까를 늘 생각해야 합니다." 목사는 선택된 평신도 지도자들이 자신들의 잠재된 최대한의 능력을 발휘할 수 있도록 동기를 부여해 줘야 한다.

결국 지도자에게 가장 중요한 일은 좋은 인재를 발굴, 그들을 주위에 두는 것이다. 조직 스스로는 목표와 결과를 향상시킬 수 없다. 그러나 사람들은 할 수 있다. 어느 조직이건 가장 중요한 자산은 사람이다. 아무리 좋은 시스템도 시간이 지나면 구식이 된다. 건물도 결국은 허물어지고, 기계는 낡아진다. 그러나 사람은 자신의 잠재된 가치를 인정해주는 지도자를 만나면 헌신, 봉사하고 성장, 발전해 한 조직의 운명까지 바꾸는 유능한 인재로 자라게 된다.

거룩한빛광성교회는 문화강좌, 도서관, 상담실, 광성드림학교, 해피월드복지재단, 장터사회적협동조합 등 다양한 조직을 운영하고 있다. 모두 가치 있게 발전하고 있다. 이 모든 조직이 하나같이 잘 되는 이유는 우리의 최고 가치를 봉사하는 성도들에게 두고 있기 때문이다. 성경 어디에도 "너희는 땅 끝까지 이르러 복지재단을 하라"는 말은 없다. 그것은 하면 좋지만, 안 해도 그만이다. 그러나 이런 일들을 통해 수백 명의 집사, 장로, 권사들이 자원 봉사하며 섬기면서 지도자로 자라간다. 이것이 그런 조직을 운영하며 얻는 최고의 유익이다.

거룩한빛광성교회는 또한 인재를 양성하는 교회다. 나는 평신도 지도자를 잘 양육해 교회의 모든 부분에서 천부장, 백부장, 오십부장, 십부장으로 역할을 감당할 수 있게 하는 것을 목회의 목표로 두었다. 물론 이는 교회의 목표이기도 하다. 이렇게 할 때, 출애굽기 18장 22절 말씀대로 일이 쉽고 즐거워지며 교회 생활은 행복하게 되는 것을 발견했다.

> "오직 주께서 각 사람에게 나눠 주신 대로 하나님이 각 사람을 부르신 그대로 행하라. 내가 모든 교회에서 이와 같이 명하노라."(고전 7:17)

하나님은 각 사람에게 고유한 능력과 은사를 주셨다. 지도자는 성도들의 능력과 은사를 발견해 또 다른 지도자로 키워야한다. 성도들은 지도자의 바른 멘토링 속에서 책임감 있는 지도자로 자라나 교회 일을 함께 나누고 기쁘고 즐겁게 신앙생활을 할 수 있어야 한다. 이렇게 할 때, 교회는 자연적으로 성장하게 된다.

3. 성령의 인도함을 받아라

교회를 전통적 조직에서 기능적 조직으로 전환시킬 때 가장 중요한 일은 전통적 조직이 갖는 장점은 살리고, 단점은 극복하는 것이다. 전통적 조직은 지도자 한 사람에게 권한이 집중되어 있기에 지도자가 유능할 경우엔 일사분란하게 일이 잘 진행될 수 있다는 장점이 있다. 그러나 전통적 조직의 단점은 지도자의 실패가 공동체의 실패가 될 수 있으며 공동체원 한 사람 한 사람의 은사를 제대로 활용할 수 없다는 것이다.

하나님은 각 사람의 지혜와 경험이 골고루 사용되어지기를 원하신다. 혼자서 열 걸음을 가는 것보다 열이서 한 걸음 나가는 것을 기뻐하신다. 그것이 하늘 아버지 마음으로 공동체가 가져야 할 핵심 가치이다. 그런데 이때 모든 가치를 사람들에게 두다가는 인본주의로 흐를 수 있다는 사실을 명심하고 주의해야 한다. 교회 공동체에서는 언제나 하나님이 중심에 계셔야 한다. 한 사람이든 혹은 전체이든 인간의 뜻에 의지하면 안 된다. 민주주의의 핵심인 다수결의 원리를 교회에서는 그대로 적용할 수 없다. 전체가 다 좋아해도 하나님의 뜻이 아니면 멈춰야 한다. 그것이 성령 공동체인 교회가 지켜야 할 정신이다. 그러므로 교회는 평신도 지도자를 세우고, 조직을 기능적으로 만드는 일에 힘을 쓰면서도 언제나 성령의 인도하심을 받기 위해 쉬지 말고 기도해야 한다.

> "네가 만일 이 일을 하고 하나님께서도 네게 허락하시면 네가 이 일을 감당하고 이 모든 백성도 자기 곳으로 평안히 가리라. 이에 모세가 자기 장인의 말을 듣고 그 모든 말대로 하여 모세가 이스라엘 무리 중에서 능력 있는 사람들을 택하여 그들을 백성의 우두머리 곧 천부장과 백부장과 오십부장과 십부장을 삼으매 그들이 때를 따라 백성을 재판하되 어려운 일은 모세에게 가져오고 모든 작은 일은 스스로 재판하더라. 모세가 그의 장인을 보내니 그가 자기 땅으로 가니라."(출 18:23~27절)

'하나님께서도 네게 허락하시면'이란 말씀은 '성령께서 인 쳐 주시면'이란 뜻이다. 교회는 오순절에 성령님이 강림함을 통해 이뤄졌다. 그러기에 교회를 '성령 공동체'라고 부른다. 교회는 목사가 앞장서고, 평신도들이 양육받고 리더로 자라나 함께 주의 일을 감당할 때 건강하게 성장해 나갈 수 있다. 그러나 거기에만 머무르면 인본주의적 모임에 불과하다. 교회 공동체는 반드시 성령의 인도하심을 따라야 한다.

교회의 모든 구성원들은 매사에 최선을 다해 계획하고 조직하며 기능을 동력화해 나가면서도 모든 일에 성령의 허락과 인도를 받는 것이 체질화 되어야 한다. 나의 목회 철학은 철저하게 성령의 인도하심을 받는 교회를 만드는 것이다. 인본주의적이고 작위적인 것은 무조건 배제하고, 최선을 다해 할 일을 한 후에 모든 결정권을 성령의 인도하심에 맡기는 교회를 만들기 위해 목회 인생을 바쳤다. 이제 되돌아보니 성령의 인도하심을 받는 목회야말로 가장 쉽고, 행복한 목회였다. 이제 목회를 시작하는 분들과 긴 목회 여정을 걸어가야 하는 모든 분들을 일일이 찾아다니며 말해 주고 싶은 목회 노하우가 바로 '성령의 인도하심을 받는 것'이다.

모세는 철저하게 성령의 인도하심을 받았다. 그는 전통적 지도력을 뛰어넘는 새로운 제도와 지도 방법을 가르쳐 준 장인 이드로를 붙잡지 않고 떠나보냈다. 충분히 "제 곁에서 더 도와주셔야지요"라면서 옆에 둘 수 있었다. 더구나 이드로는 장인이었다. 그러나 모세는 철저히 인간이 아니라 성령의 도우심만을 구했다. 그럼으로써 이스라엘 공동체는 우여곡절이 많았지만 평안하게 시내산에 도착할 수 있었다. 만일 모세가 인간적 생각으로 일을 진행했다면 광야 길에서 이스라엘 백성들은 모두 멸망당하거나 분열해서 뿔뿔이 흩어졌을 것이다. 성령의 인도하심을 받으면 공동체에 평안이 임한다. 성령이 임하실 때, 공동체원들의 심령에 불이 붙는다. 그러면 누가 하라고 말하지 않아도 스스로 불타는 심령으로 주의 일을 위해 자신의 은사를 최대한 발휘하며 헌신하게 된다. 그런 교회가 어찌 성장하지 않겠는가.

"사람이 마음으로 자기의 길을 계획할지라도 그의 걸음을 인도하시는

이는 여호와시니라."(잠 16:9)

   시대가 급격히 변하고 있다. 변화하는 새로운 시대에 새 술을 담을 수 있는 새 부대를 준비하는 교회를 만들어 나가야 한다. 지도력을 나누고, 지도자를 키우고, 인재를 양성해 미래 사회를 이끌어 가는 교회를 일궈야 한다. 그래야 교회가 언제나 이 땅의 소망이 될 수 있다. 언제나 교회의 주인은 하나님이시며 모든 인생과 사역의 행보를 인도하시는 이도 하나님이시라는 사실을 잊지 말며 모든 공동체원들이 성령님이 운행하시는 교회를 만들기 위해 늘 기도하며 하늘의 소리를 들어야 한다. 그렇게 되면 교회는 자연적으로 성장한다.

함께 생각하기

1. 지금 출석하는(담임하는) 교회 내 각 조직들은 역동적으로 움직이고 있는가? 가장 약한 쪽을 0으로, 가장 강한 쪽을 10으로 할 때 교회의 역동성은 어느 위치에 있는가?

2. 4차 산업혁명기를 맞아 지금 출석하는(담임하는) 교회는 여전히 올드 패러다임에 속해 있는가? 아니면 뉴 패러다임으로 이동하고 있는 편인가?

3. 지금 출석하는(담임하는) 교회에서는 다음 세대 지도자들을 잘 키우고 있는가? 그것이 제대로 되지 않고 있다면 이유는 무엇인가?

4. 지금 출석하는(담임하는) 교회는 성령의 인도를 받고 있는가? 아니면 인간의 지도력만으로 움직여지고 있는가?

5장

영감 있는 예배

다윗이 온 회중 앞에서 여호와를 송축하여 이르되 우리 조상 이스라엘의 하나님 여호와여 주는 영원부터 영원까지 송축을 받으시옵소서. 여호와여 위대하심과 권능과 영광과 승리와 위엄이 다 주께 속하였사오니 천지에 있는 것이 다 주의 것이로소이다. 여호와여 주권도 주께 속하였사오니 주는 높으사 만물의 머리이심이니이다. 부와 귀가 주께로 말미암고 또 주는 만물의 주재가 되사 손에 권세와 능력이 있사오니 모든 사람을 크게 하심과 강하게 하심이 주의 손에 있나이다. (…) 우리 조상들 아브라함과 이삭과 이스라엘의 하나님 여호와여 주께서 이것을 주의 백성의 심중에 영원히 두어 생각하게 하시고 그 마음을 준비하여 주께로 돌아오게 하시오며 또 내 아들 솔로몬에게 정성된 마음을 주사 주의 계명과 권면과 율례를 지켜 이 모든 일을 행하게 하시고 내가 위하여 준비한 것으로 성전을 건축하게 하옵소서 하였더라."(대상 29:10~19)

슈바르츠 목사의 '자연적 교회 성장'에서 꼭 필요한 8가지 질적 특성 가운데 5번째가 '영감 있는 예배'다. 종교개혁자들은 '인간이 존재할 수 있는 것은 예배를 드리기 때문'이라고 말했다. 그리스도인들과 그들이 모인 교회는 예배를 떠나서는 존재할 수 없다. 예배는 그리스도인과 교회의 삶에서 심장과 같다. 그처럼 중요하다는 말이다. 교회의 존재와 사역, 그 밖의 모든 것은 예배에 뿌리를 둔다 해도 과언이 아니다. 하나님께서는 예배를 통해서 그의 백성을 부르신다. 또한 예배를 통해 은혜를 주시며 예배자들을 세상 속으로 보내 창조 목적을 성취하도록 하신다.

개혁교회 전통의 예배는 우리 자신의 느낌과 감정보다 하나님을 중심으로 드린다. 예배에서 참석자들은 삼위일체 하나님의 영광과 장엄함, 예수 그리스도의 구속 사역, 하나님의 백성을 세상에 파송하시는 성령의 능력에 집중한다. 인간적 요소를 일체 배제하며 믿음의 대상이신 성부와 성자, 성령 하나님께 집중하는 것이다. 피조물된 우리 인간에서 예배의 중요성은 아무리 강조해도 지나치지 않다.

그럼 예배란 무엇인가? 예배란 인간이 만유의 주권자 되시는 성부 하나님을 만나고, 성자 예수님이 우리를 위해 자신을 내어 놓으신데 대해 감사하고 찬송하는 행위다. 예배는 또한 하나님을 믿는 자들의 공동체가 하나님과 지체들을 인격적으로 감격스럽게 만나는 행위다. 영국 성공회 주교로 캔터베리 대주교를 역임했던 윌리엄 템플은 5가지(양심, 생각, 상상, 정성, 의지)로 예배를 정의한다. 첫째, 하나님의 거룩하심으로 양심을 살리는 것이다. 둘째, 하나님의 진리로 심령을 양육하는 것이다. 셋째, 하나님의 아름다우심으로 창의력을 맑게 하는 것이다. 넷째, 하나님의 사랑에 대해 정성을 담아 마음을 여는 것이다. 다섯째, 하나님의 목적에 대해 내 의지를 바치는 것이다.

예배는 인류가 창조한 발명품이 아니라 하나님이 요청하신 것이다. 구약에서 예배는 희생 제사 중심, 안식 중심으로 드려졌다. 신약에서 예배는 예수 그리스도를 정점으로 드려진다. 신자들은 예수님께서 부활한 주일을 안식일로 지키고, 희생 제사 중심의 구약 예배에서 주의 만찬 중심의 예배를 드렸다. 진정한 예배는 부활의 기쁨을 노래하고, 하나님과의 사랑의 만남을 즐기며, 형제들과 함께 잔치를 베푸는 것이다. 그러면 슈바르츠 목사가 자연적 교회 성장을 위한 5번째 요소로 거론한 '영감 있는 예배'란 무엇인가? 이를 이해하기 위해 먼저 '영감 있다'는 말의 뜻을 살피는 것이 필요하다.

> "하나님은 영이시니 예배하는 자가 영과 진리로 예배할지니라."(요 4:24)

여기서 '영으로' 예배한다는 말은 '자기의 영'으로 예배한다는 뜻이다. '진리'라는 말의 뜻은 '하나님은 영이시라는 진리를 염두에 두라'이다. 그러니까 '영과 진리로 예배한다'는 뜻은 '성령의 인도함을 받는 심령을 지니고 예배드린다'는 것을 의미한다. '영감 있는 예배'라고 할 때의 '영감 있다'는 말은 헬라어로 '인스피라티오(Inspiratio)'

라고 하는데 이는 '하나님의 영으로부터 오는 영'이라는 뜻이다. 결국 영감 있는 예배란 성령의 인도를 받는 심령들이 모여서 드리는 예배를 의미한다.

교회가 성장하려면 반드시 예배가 살아나야 한다. 영어 약자로 'WEST'로 표기되는 교회 성장의 4대 요소가 있다. 예배(Worship)와 전도(Evangelism), 봉사(Service), 교육(Teaching)이다. 교회가 온전히 성장하려면 이 4가지 요소가 모두 있어야 한다. 이 중에서도 가장 중요한 것이 예배다. 예배 없는 전도, 예배 없는 봉사, 예배 없는 교육은 믿음의 대상이신 하나님과는 아무런 상관이 없으며 결국 예배를 드리는 자신에게도 아무 유익이 없다. 그리스도인들은 살아 있고 영감 있는 예배로 하나님께 영광 돌리며 은혜 받는 신앙생활을 해야 한다. 이 땅의 모든 성도들이 영감 있는 예배자가 되기를 간절히 소망한다.

1. 모든 영광을 하나님께 돌려라

예배는 교회의 최고 사명이다. 하나님은 열심히 일하는 사람보다 순전하게 예배드리는 사람을 찾으신다.

예배에 성공하면 모두 성공하는 것이지만 예배에 실패하면 모두 실패하게 되는 것이다. 교회에서 예배를 드려야 할 때, 일만 하는 사람들이 있다. 부교역자들과 안내자들이다. 이런 분들은 예배를 두

번 드려야 한다. 한 번은 자신이 예배자가 되어 드리는 예배이며 또 다른 한 번은 자신은 봉사자가 되어 드리는 예배다. 이런 노력이 없다면 아무리 교회에서 사역과 봉사를 많이 한다 해도 정작 자신은 예배에 실패하게 되어 영혼이 피폐해지고 영적 기아의 상태가 될 수 있다는 사실을 명심해야 한다.

예배를 통해 성도들이 하나님께 영광을 돌린다는 것을 모를 사람은 없다. 그러나 누군가가 "왜 하나님께만 영광을 돌려야 하나요?"라고 묻는다면 정확하게 대답할 사람은 그다지 많지 않다. 역대상 29장 10~13절에서는 오직 하나님께만 영광을 돌려야 할 이유를 가르쳐 주고 있다.

> "다윗이 온 회중 앞에서 여호와를 송축하여 이르되 우리 조상 이스라엘의 하나님 여호와여 주는 영원부터 영원까지 송축을 받으시옵소서. 여호와여 위대하심과 권능과 영광과 승리와 위엄이 다 주께 속하였사오니 천지에 있는 것이 다 주의 것이로소이다. 여호와여 주권도 주께 속하였사오니 주는 높으사 만물의 머리이심이니이다. 부와 귀가 주께로 말미암고 또 주는 만물의 주재가 되사 손에 권세와 능력이 있사오니 모든 사람을 크게 하심과 강하게 하심이 주의 손에 있나이다. 우리 하나님이여 이제 우리가 주께 감사하오며 주의 영화로운 이름을 찬양하나이다."

예배에서 오직 하나님께만 영광을 돌려야 할 이유는 하나님이 천지만물과 인간을 주관하시는 주권을 지니신 분이기 때문이다. 그렇다면 대부분의 영광을 하나님께 돌리고 다른 분에게는 조금이라도 영광을 돌리면 안 되는가? 결코 그럴 수 없다. 왜냐하면 하나님 한 분만이 송축 받으시기에 합당하신 분이시기 때문이다. 온 땅과 우주의 광대하심, 권능, 영광, 이김, 위엄이 다 주께 속해 있다. 온 천지에 있는 것이 모두 주의 것이다. 부(富)와 귀(貴)가 주께로부터 시작되며 주의 손에 권세와 능력이 있다. 모든 자를 크게 하심과 강하게 하심이 주의 손에 달려 있다. 하나님께 절대 주권이 있다. 하나님의 절대 주권은 온 세계만방에 미친다. 하나님은 만왕의 왕이시다. 그러므로 모든 피조물은 하나님의 거룩하신 이름에 감사와 찬양을 드려야 하는 것이다.

그런데 어느 틈엔가 예배 가운데 슬그머니 조금씩 하나님과 영광을 나누는 풍조가 교회 안에 들어왔다. 강대상에 놓은 왕의 보좌 같은 의자에는 목사가 근엄하게 앉아 있다. 건방지게 다리를 꼬고 앉아 있기도 한다. 그리고 자신만 높은 곳에 앉기 미안한지 앞자리에 장로석을 만들어 장로들을 앉게 한다. 이런 것 모두가 자신도 알지 못하는 사이에 하나님과 영광을 나누는 행위를 하는 것이다.

히브리어로 예배는 '히스타하와(Histahawah)'로 엎드려 부복하다란 뜻이다 이 말대로 인간은 누구나 하나님 앞에 나와 엎드려 경배할 때 진정한 예배자가 된다. 몸뿐만 아니라 심령까지 그러해야 한다. 사도행전 12장에 보면 헤롯왕이 등장한다. 이 헤롯왕은 예수님이 태어날 당시 어린 아기를 잡아 죽인 대 헤롯의 손자인 헤롯 아그립바 1세로 AD 39~44년까지 유대의 분봉 왕이었다. 이 헤롯이 사도 야고보를 죽이는 등 기독교를 박해하는데 앞장섰다. 그는 무슨 이유에서인지 두로와 시돈 사람과 사이가 좋지 않았다. 두로와 시돈은 항구 도시국가였기에 그곳 사람들은 현재의 홍콩같이 중개무역을 통해 부자가 되었다. 그러나 양식은 유대에서 사야 했지만 헤롯은 두로와 시돈 사람들에게 양식을 팔지 않았다. 그래서 두로와 시돈의 사절단들이 찾아와 큰 뇌물을 바치고 헤롯왕 뵙기를 청했다. 그러자 못 이기는 체 하며 헤롯이 사절단 앞에 나타났다. 은으로 장식한 왕관에 화려한 왕복을 입고 왕좌에 앉아 일장 연설을 한다. "너희들의 옛일을 생각하면 쓴 물이 올라오나 이제 다 잊고 너희들에게 은혜를 베풀리라." 햇빛을 받아 은으로 된 헤롯의 왕복이 빛을 발했고 그의 목소리는 우렁차고 멋있게 퍼져나갔다. 그러자 두로와 시돈의 사절단이 "이것은 신의 소리지 사람의 소리가 아니다"라고 아첨하며 외쳤다. 그때 기분이 좋아진 헤롯은 "에헴" 하며 그 영광을 다 받았다. 그런데 성경은 이런 놀라운 기록을 남기고 있다.

"헤롯이 영광을 하나님께로 돌리지 아니하므로 주의 사자가 곧 치니 벌레에게 먹혀 죽으니라."(행 12:23)

성경뿐 아니라 역사가들은 그날 이후, 알 수 없는 병에 걸려 헤롯 아그립바가 죽었다고 기록하고 있다.

"내가 그 발 앞에 엎드려 경배하려 하니 그가 나에게 말하기를 나는 너와 및 예수의 증언을 받은 네 형제들과 같이 된 종이니 삼가 그리하지 말고 오직 하나님께 경배하라. 예수의 증언은 예언의 영이라 하더라."(계 19:10)

사도 요한이 천사에게 경배하려 할 때, 천사가 막으며 하는 말이다. 하나님 대신 영광을 받으면 헤롯 아그립바처럼 죽는다. 오직 하나님만이 경배를 받으실 분이다. 그러므로 우리는 하나님만 경배해야 한다. 천사도, 능력 있는 목사도, 다른 어느 피조물도 경배해서는 안 된다. 예배에서 우리는 '유일하신 청중'인 하나님께만 경배를 올려야 한다. 하나님은 모든 영광을 받기에 합당하신 분이다. 유일하신 청중인 하나님께 집중할 때, 우리는 영감 있는 예배를 드릴 수 있게 된다.

2. 즐거운 마음으로 드려라

교회 성장 이론에 '예배 역동의 원리'라는 것이 있다. 힘 있고 기쁨과 활력이 넘치는 예배를 드리며, 그 예배 가운데 성령이 활발하게 운행하는 교회가 성장한다는 말이다. 예배는 '교회 성장의 앞문'이다. 건강한 예배 없이 성장하는 교회는 없다고 해도 과언이 아니다. 예배에 참석한 사람들을 살펴보면 여러 모습을 발견할 수 있다. 일찌감치 교회에 나와 앞자리에 앉아 기도하며 예배를 준비하는 사람이 있는가 하면 기도가 끝날 때쯤 허겁지겁 들어와 눈도장만 찍고 가는 사람이 있다. 또 어떤 사람은 도살장에 끌려가는 소처럼 억지로 들어와 안내자가 앞자리에 앉기를 권해도 앞으로 나가면 큰일나는 것처럼 뒷자리에만 앉는다. 아예 유아실에서 아기를 보고 있는 아빠들도 있다. 이렇게 의무를 이행하기 위해 나오는 사람, 아내를 위해 '나와 주는' 사람, 목사에 대한 충성심 때문에 참고 나오는 사람 등…. 참으로 대단한 분들이다. 이들에게는 하나님 앞에서, 하나님을 위해서 예배를 드린다는 마음가짐이 없다. 그러니 예배에서 어떤 은혜를 받을 수 있겠는가.

그런데 이런 분들만 나무랄 것이 아니다. 대부분의 비신자들이 처음에 교회에 나오면 그런 태도를 갖는다. 기존 신자들도 매너리즘에 빠지게 되면 그럴 수 있다. 목회자와 교회 지도자들은 이런 사람들을 열정적인 예배의 참여자로 만들어야 한다. 영감 넘치는 예배를 만드는 것이 가장 중요하다. 일단 예배가 역동적이고 그 안에 성령이 강하게 운행하면 처음 교회에 나오는 사람들을 비롯해 모든 참여자들이 은혜를 받는다. 수동적 방관자에서 점점 적극적 참여자로 바뀐다.

교회 성장학의 대가인 피터 와그너 박사는 "은혜로운 예배는 즐거움이 있는 예배"라고 말했다. 그는 목회자들에게 예배를 장례식과 같이 엄숙하게만 이끌고 가지 말라고 충고했다. 예배는 주 예수 그리스도를 만나는 축제의 자리가 되어야 한다. 하나님의 영광에 접속될 때, 모두가 기뻐 춤을 추게 될 것이다. 목사 혼자만 소리 지르고 청중들은 잠자는 교회에는 세 가지 공통점이 있다. 먼저 예배가 지루하다. 매번 뻔한 내용만 반복한다. 두 번째는 목사가 삶과 무관한 설교만 한다. 청중들은 모두 죄인이고 전적으로 무지한 자라는 전제 하에 모든 메시지를 전한다. 도무지 세상사와는 상관없는 이야기만 한다. 한두 번은 들어줄 수 있지만 매번 그런 설교를 들을 수는 없다. 세 번째는 목사가 예배 때마다 헌금만 강조한다. 헌금도 꼭 필요하지만 이 역시 매번 듣다 보면 오히려 반발심만 커지게 된다. 어떤 여성이 사랑하는 남편을 전도하기 위해 10년 넘게 기도한 끝에 어렵사리 남편을 교회에 데려왔지만 하필이면 그날 목사가 헌금 이야기만 계속한다면 그 여성의 속이 얼마나 타겠는가. 모든 것을 지혜롭게 해야 한다. 역동적 예배를 드리고, 삶을 변화시키는 메시지를 듣다보면 성도들은 헌신하게 되고 자신이 지닌 것을 주님의 나라를 위해 내놓게 된다.

우리는 기쁨을 회복해야 한다. 성경은 "주 안에서 기뻐하라"고 했다. 주 안에서 기뻐하는 것이 우리의 힘이다! 예배자는 기쁘고 즐겁게 예배를 드려야 한다. 영감 있는 예배의 가장 큰 특징은 그 안에 기쁨이 있다는 점이다.

> "나와 내 백성이 무엇이기에 이처럼 즐거운 마음으로 드릴 힘이 있었나이까 모든 것이 주께로 말미암았사오니 우리가 주의 손에서 받은 것으로 주께 드렸을 뿐이니이다. 우리는 우리 조상들과 같이 주님 앞에서 이방 나그네와 거류민들이라 세상에 있는 날이 그림자 같아서 희망이 없나이다. 우리 하나님 여호와여 우리가 주의 거룩한 이름을 위하여 성전을 건축하려고 미리 저축한 이 모든 물건이 다 주의 손에서 왔사오니 다

주의 것이니이다. 나의 하나님이여 주께서 마음을 감찰하시고 정직을 기뻐하시는 줄을 내가 아나이다. 내가 정직한 마음으로 이 모든 것을 즐거이 드렸사오며 이제 내가 또 여기 있는 주의 백성이 주께 자원하여 드리는 것을 보오니 심히 기쁘도소이다."(대상 29:14~17)

이 말씀은 성전을 건축하기 위해 하나님께 예배하고 헌물을 드릴 때의 모습을 보여주는 내용이다. '즐겁다'는 말이 연이어 나온다. "즐거운 마음으로, 즐거이 드렸사오니, 즐거이 드리는 것을 보오니 심히 기쁘도소이다." 다윗이 이렇게 기뻐했다면 하늘 하나님은 얼마나 기뻐셨겠는가. 그래서 하나님께서는 다윗을 가리켜 '내 마음에 합한 자'라고 극찬하셨던 것이다. 그 많은 허물에도 불구하고 다윗이 하나님 마음에 합한 자가 될 수 있었던 것은 그에게는 하나님을 향한 전심의 마음이 있었기 때문이다. 그 마음이 그로 하여금 즐거운 마음으로 예배하고, 드릴 수 있게 했다.

예배는 매번 기쁨으로 가득 차야 한다. 예배는 장례식이 아니라 축제가 되어야 한다. 예배자의 마음은 즐거움으로 벅차오르고, 얼굴은 기쁨으로 환하게 피어나야 한다. 솔직히 한국 사람들에게는 이것이 어렵다. 오랜 시절 유교 문화에 젖어 살아온 관계로 웃고 즐거워하는 것을 천시해 왔기 때문이다. 그것이 한국인의 성품이 되었다. 그래서 한국 교회 예배의 분위기는 즐겁다기보다는 좀 더 엄숙한 편이다. 한국 교회의 놀라운 성장에 세계 교회가 주목하면서 많은 외국 목회자들이 한국 교회를 방문했다. 한번은 미국의 저명한 목사가 한국 교회를 방문했다. 몇 교회 예배를 참석하고 나서 그는 고개를 갸웃거리며 안내하는 목사에게 물었다. "목사님, 어찌해서 한국 교회의 예배는 그렇게 엄숙합니까? 성도들의 표정은 왜 그리 심각하며 기도할 때는 왜 그리 자주 웁니까?" 안내 목사는 그 질문에 난감해 하면서 나름 재치 있게 답변했다. "한국 교회와 성도들은 예수님의 십자가를 깊이 묵상하기 때문에 그렇습니다." 그러자 미국 목사는 "그래요? 그러면 한국 교회와 성도님들은 예수님의 부활은 잊었답니까?" 안내 목사는 아무런 답을 하지 못했다.

기독교는 십자가의 종교인 동시에 부활의 종교다. 주님이 사망 권세 이기시고 다시 사셨기에 기독교는 부활 승리의 종교라고 할 수 있다. 그러므로 우리의 예배는 부활하신 예수님과 그를 보내신 하나님을 경배하는 기쁨의 자리가 되어야 한다. 예배 전 과정에 승리의 즐거움이 있어야 한다는 말이다. 목사가 설교를 할 때, 성도들이 잘 웃는 교회가 건강한 교회라는 통계도 있다. 노인들보다는 어린아이들이 잘 웃는다. 그러나 기쁨의 영이 들어가면 노인들도 목젖이 보일만큼 크게 웃게 된다. 설교 시간에 성도들의 25%만 웃는 교회는 병든 교회지만 60% 이상의 성도들이 웃는 교회는 건강한 교회라고 생각한다.

"항상 기뻐하라."(살전 5:16)

성경은 "평소에는 기쁘게 살다 예배 시간에는 기뻐하지 말라. 예배 시간에는 엄숙해야 한다"라고 하지 않았다. '항상' 기뻐하라고 했다. 그렇다. 우리는 예배 시간에 더욱 기뻐해야 한다. 부활하신 주님을 만나는 황홀한 시간이기 때문이다. 이것이 지금도 살아 역사하시는 하나님의 뜻이다. 유교 문화권에 있다고 박수치거나 춤을 추면 안 된다고? 아니다. 하나님은 손뼉치고, 춤추며 찬양하라고 말씀하셨다. 자신이 속한 문화를 신앙으로 착각하지 말라. 믿음은 모든 문화와 관습을 초월한다. 그래서 전 세계 모든 종족들이 하나님을 믿는 믿음 안에서 하나가 될 수 있는 것이다. 다윗이 하나님의 언약궤 앞에서 어린아이처럼 춤추던 기쁜 모습처럼 즐거운 마음으로 예배드리며 영감 있는 예배자들이 넘치는 교회가 바로 성장하는 교회다.

3. 탕자를 돌아오게 하라

교회가 성장하려면 예배가 살아나야 한다. 무미건조한 예배, 예배를 인도하는 자나 참여자나 동일하게 아무런 기대감이 없다면 그것은 죽은 예배다. 예배에서는 모든 자들이 기뻐해야 한다. '모든 자들'이다. 예배가 기존 신자들, 즉 '돌아온 탕자 이야기' 속 큰아들만의 축제가 된다면 하나님이 기뻐하시지 않는다. 하나님 아버지는 집을 나간 탕자, 즉 작은아들에게 온 마음을 기울이고 계시기 때문이다. 하나님의 자녀 된 우리에게 가장 중요한 것은 아버지 마음을 아는 것이다. 하늘 아버지 이름을 마음 깊이 간직해야 한다. 이 세상 모든 것을 잃어도 그 마음속 하늘 아버지 이름만 잃지 않으면 모든 것을 얻은 자요, 이 세상 모든 것을 얻어도 그 이름을 잃으면 모든 것을 잃은 자이다. 우리가 어떤 어려움을 겪더라도 아버지 이름을 부르면 살게 된다. 그래서 우리는 아버지의 마음을 잘 헤아려야 한다.

하나님 아버지의 마음을 가장 잘 그려 낸 것이 성경 속 '탕자의 비유'다. 신자 가운데 이 비유를 모르는 사람은 한 사람도 없을 것이다. 그 정도로 유명한 비유의 말씀이다. 그럼에도 이 땅의 교회에 하나님 아버지의 마음을 기쁘고 시원하게 해드리는 사람이 많지 않다는 것이 문제다.

교회 성장의 결정적 요소 중 첫째가 예배이며, 둘째가 전도다. 예배와 전도는 떼어 놓을 수 없다. 밀접하게 연결되어 있다. 예배 가운데 이 세상의 모든 탕자들이 쉽게 들어오도록 문을 열어놓는 전도가 포함되어 있어야 한다. 예배와 전도를 떼어놓고 생각하던 교회의 관습을 타개하기 위해 열린 예배, 혹은 구도자 예배가 생겼다. 세상 속 비신자들에게 '열어 놓는' 예배를 드림으로써 그들에게 복음의 접촉점을 갖는 기회를 주기 위한 예배다. 그러나 열린 예배, 구도자 예배라고 이름 붙였다 해서 탕자가 돌아오는 것은 아니다. 교회 내에 탕자 동생에 대해 냉담하며 못마땅한 태도를 보이는 큰아들이 존재하는 한 작은아들은 예배에 들어올 수 없다. 이것을 보고 가장 가슴 아파해 하는 사람은 물론 아버지다. 아버지 마음은 큰아들과 작은아들이 기쁘고 화목하게 지내는 것이다. 아버지 마음은 자녀들이 마음을 깊이 나누는 진정한 가족이 되는 것이다. 그래서 하나님께 가는 여정은 가족으로의 여정이다. 집으로 가는 길은 언제나 기쁘고 마음 벅찬 여정이 되어야 한다. 우리 교회가 그런 따뜻한 집이 되어야 한다. 그럴 때 세상에 지친 사람들, 추락해 버린 사람들, 마음이 찢긴 사람들 모두 그 집에 들어가 가족들과 함께 사랑의 정을 나눔으로써 회복될 수 있다. 우리는 이런 교회를 소망해야 한다.

교회에 처음 들어왔을 때 무엇이 제일 어려웠는지 생각해 보시라. 교회는 그것들을 해결해야 한다. 그래야 전도가 된다. 제대로 알아들을 수 없는 음향시스템, 답답하기만 한 찬송, 들어가고 나가기 어려운 장의자, 지루한 설교, 사람들의 불친절, 세상 사람들이 이해할 수 없는 교회만의 전문 용어, 빨리 찾을 수 없는 성경 구절…. 수많은 요소들을 발견할 수 있다. 이 모든 것들이 '세상의 작은아들들'로 하여금 아버지 집에 편하게 거하지 못하게 하는 요인들이다 "뭐 그런 것 가지고 힘들다고 해!"라고 해서는 답이 나오지 않는다. 그것은 철저히 공급자 중심 마인드다. 우리는 영적 서비스 정신을 지녀야 한다. 서비스를 받는 사람들 입장에서 생각해야 한다. 그들의 신을 신어 보아야 한다. 그래야 그들의 처지와 생각을 이해하며 그들이 안심하고 거할 수 있는 편안한 쉼터로서의 교회를 만들 수 있다.

> "우리 조상들 아브라함과 이삭과 이스라엘의 하나님 여호와여 주께서 이것을 주의 백성의 심중에 영원히 두어 생각하게 하시고 그 마음을 준비하여 주께로 돌아오게 하시오며 또 내 아들 솔로몬에게 정성된 마음을 주사 주의 계명과 권면과 율례를 지켜 이 모든 일을 행하게 하시고

내가 위하여 준비한 것으로 성전을 건축하게 하옵소서 하였더라."(대상 29:18~19)

여기서 '그 마음을 준비하여 주께로 돌아오게 하시오며'란 말을 주목해야 한다. 불신자들이 주께로 돌아올 수 있도록 하기 위해서 우리는 최선을 다해야 한다. 그래서 잘 준비된 예배를 드려야 한다. 우리의 예배에는 언제나 불신자들이 초청되어져야 한다. 그들이 전능하신 하나님께 돌아와 자신들의 마음을 드리는 자리가 되어야 한다. 그러기 위해서는 예배 순서 하나하나에 돌아온 탕자인 둘째 아들을 생각한 세심한 배려가 있어야 한다. 결국 승부는 디테일에서 나게 마련이다. 예배 흐름의 디테일을 잘 다듬을 때, 교회는 누구라도 편안하게 찾을 수 있는 이 세상의 안식처가 될 수 있다.

"그러므로 온 교회가 함께 모여 다 방언으로 말하면 알지 못하는 자들이나 믿지 아니하는 자들이 들어와서 너희를 미쳤다 하지 아니하겠느냐. 그러나 다 예언을 하면 믿지 아니하는 자들이나 알지 못하는 자들이 들어와서 모든 사람에게 책망을 들으며 모든 사람에게 판단을 받고 그 마음의 숨은 일들이 드러나게 되므로 엎드리어 하나님께 경배하며 하나님이 참으로 너희 가운데 계신다 전파하리라." (고전 14:23~25)

초대교회 때부터 신자들은 예배 시간에 불신자들을 초청해 함께 예배를 드렸다. 그런데 그들을 배려하지 않고 알아들을 수 없는 방언과, 울부짖는 기도, 어려운 말을 주고받는 경우가 많았다. 교회를 찾은 불신자들은 '이거, 완전히 미친 사람들의 모임이네'라며 예배 장소를 박차고 나가는 경우가 많았다. 사도 바울은 지금 이것에 대해 경고하고 있다. 세상 사람들도 쉽게 알아들을 수 있게 전해지는 하나님의 말씀, 세상에서 느낄 수 없는 거룩함이 충만한 예식, 즐거운 찬송이 어우러진 예배를 드리면 세상 속 작은아들들도 결국 하나님의 살아계심을 느끼고 돌아오게 될 것이라는 바울의 충고다.

예배는 반드시 기존 신자뿐 아니라 불신자들도 편안히 참여할 수 있도록 준비되어져야 한다. 단순하지만 경건하게, 그러면서 활력이 넘치는 예배를 준비하는데 최선을 다해야 한다. 예배 장소를 밝고, 깨끗하며, 분위기 있게 꾸며야 한다. 잘 조직된 안내 팀에 의한 환영, 감동적인 설교, 은혜로운 찬양 등 모든 순서가 물 흐르듯 진행될 수 있게 짜여야 한다. 매 주일 평소 하던 대로, 아무런 감동과 준비 없이 드려져서는 세상 사람들에게 매력을 줄 수 없다. 교회의 매력은 화려한 건물이 아니라 영감 있고 약동하는 예배여야 한다. 세상이 줄 수 없는 그 무엇을 줘야 한다. 사람들은 지금 세상에서 찾을 수 없는 무엇을 간절히 찾고 있다. 예배를 통해 그들의 갈망을 풀어주면 그들은 오지 말라고 해도 교회를 찾을 것이다. 지금 그들은 육적으로는 배부르지만 영적으론 심히 굶주려 있다. 그들은 신선한 영적 빵을 찾고 있다. 그러나 어느 곳에서도 찾을 수 없다. 그러다 어느 날 한 교회에서 신선하고 맛있는 빵이 매일 구워지고 있다는 소식을 듣게 되었다. 그러면 구름같이 많은 사람들이 그 빵집인 교회로 몰려들 것이다. 그들은 신선한 빵에 굶주려 있다. 목회자들은 '이제 교회 성장의 시대는 끝났다'고 한탄하지 말기 바란다. 신선한 빵을 만들 수 있도록 자신과 교회를 잘 훈련시키면 된다. 그러기 위해서는 하늘의 소리를 들어야 한다. 하늘로부터의 레시피를 받아야 한다. 생명의 빵을 만들 수 있는 유일한 방법은 하늘의 레시피 대로 하는 것이다. 기도하시라. 하늘을 향해 울부짖으시라. 그러면 하나님이 하늘을 가르고 여러분들의 교회에 내려오실 것이다. 그 순간, 교회는 하나님의 임재가 충만히 임하는 하늘의 성소가 될 것이다. 그곳에 구름같이 많은 이 세상의 둘째 아들들이 아버지와 형들과 기쁨의 만남을 갖고 하늘 아버지를 경배할 것이다. 이것이 우리의 소망이요, 우리의 간증이 되어야 한다.

해마다 경기도 이천에서 도자기 엑스포가 열린다. 엑스포가 끝난 후 부분별로 명장을 선정하는데 오래전에 거룩한빛광성교회의 한 집사가 도자기 그림 부문의 으뜸으로 뽑힌 적이 있어 축하하며 함께 기뻐한 적이 있다. 이천 도자기 엑스포는 아주 훌륭한 전시회였지만 외국인 관광객이 너무나 적어 아쉬웠다. 그야말로 집안 잔치로 끝나버린 것이다. 도자기 엑스포를 하는 주요한 목적 가운데 하나가 한국 도자기의 우수성을 전 세계에 알리기 위함이었는데 그 목적을 이루지 못한 것이다. 좋지만, 아쉬운 모임이 되어 버렸다.

예배도 마찬가지다. 좋지만 아쉬워서는 무언가 부족하다. 우리의 예배가 집안 잔치로만 끝나서는 안 된다. 그 잔치에는 불신자들도 들어와야 한다. 그러기 위해서는 적극적으로 그들을 초청하고,

그들에게 매력을 줄 수 있는 다양한 요소를 계발해야 한다. 그런 노력을 하다 보면 불신자들도 어느 순간 하나님을 만나 그분 앞에 자신들을 드리게 된다. 그리고 그들이 신자가 되어 또 다른 불신자들에게 다가가게 된다. 이럼으로써 교회는 끊임없이 하나님의 사람들을 증식할 수 있게 되는 것이다.

> "이 은혜는 곧 나로 이방인을 위하여 그리스도 예수의 일꾼이 되어 하나님의 복음의 제사장 직분을 하게 하사 이방인을 제물로 드리는 것이 성령 안에서 거룩하게 되어 받으실 만하게 하려 하심이라."(롬 15:16)

사도 바울의 고백으로 이방인을 하나님께 온전히 드리는 것이 영감 있는 예배의 조건임을 우리들에게 알려 준다. 우리의 예배 때마다 불신자들이 주께 돌아와야 한다. 예배 시간마다 세상에서 방황하던 탕자들이 돌아오는 감격과 환희가 넘친다면 얼마나 좋을까. 모든 성도들이 아버지의 마음으로 이 땅의 '돌아온 탕자들'에게 "집에 잘 돌아왔구나. 사랑한다"라고 고백해야 한다. 잃어버린 양 한 마리를 찾은 것에 대해 진심으로 기뻐하는 마음이 있어야 한다. 우리의 예배에 그런 감격과 감동이 넘치기 바란다. 신자들과 불신자들이 함께 모여 사랑의 교제를 나누는 예배를 보고 가장 기뻐하실 이는 하늘의 아버지시다. 그런 예배를 그분은 기쁘게 받으실 것이다. 앞서 말한 대로 예배는 교회 성장의 앞문이다. 영감 있는 예배를 드리는 교회는 의도하지 않아도 자연적으로 성장하게 되어 있다.

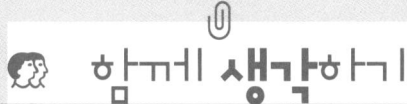

1. 지금 출석하는(담임하는) 교회의 예배에서 하나님의 임재를 강하게 느끼고 있는가? 그렇지 않다면 그 이유는 무엇인가?

2. 지금 출석하는(담임하는) 교회의 예배는 '장례식 형'인가 '축제 형'인가? 예배에 기쁨(즐거움)이 있는가?

3. 지금 출석하는(담임하는) 교회의 예배에는 불신자들이 참여하더라도 쉽게 적응할 수 있는 여지가 있는가?

4. 지금 출석하는(담임하는) 교회의 예배에서 우선적으로 개선되어져야 할 점 3가지를 기술하라.

6장

전인적 소그룹:
살아있는 작은 교회

"우리가 다 하나님의 아들을 믿는 것과 아는 일에 하나가
되어 온전한 사람을 이루어 그리스도의 장성한 분량이
충만한 데까지 이르리니 이는 우리가 이제부터 어린 아이가
되지 아니하여 사람의 속임수와 간사한 유혹에 빠져 온갖
교훈의 풍조에 밀려 요동하지 않게 하려 함이라. 오직 사랑
안에서 참된 것을 하여 범사에 그에게까지 자랄지라. 그는
머리니 곧 그리스도라. 그에게서 온 몸이 각 마디를 통하여
도움을 받음으로 연결되고 결합되어 각 지체의 분량대로
역사하여 그 몸을 자라게 하며 사랑 안에서 스스로
세우느니라." (엡 4:13~16)

우리 몸을 이루는 최소 단위를 세포라고 한다. 인간의 몸은 60~65조의 세포로 이뤄진 세포 덩어리다. 60조라면 실감이 나지 않겠지만 6 뒤에 0이 13개나 붙는 천문학적인 숫자라면 다소 감이 올 것이다. 이렇게 사람 몸을 형성하는 많은 세포들은 각각 크기가 다르다. 큰 세포도 있고, 작은 세포도 있다. 가장 작은 세포는 정자이며, 가장 큰 세포는 난자다. 난자는 정사보다 무려 10만 배나 크다. "역사를 움직이는 것은 남자"라며 남자들이 아무리 외쳐도 "남자를 움직이는 것은 여자"라는 말에 묻히는 이유가 여기에 있다. 애초부터 난자가 10만 배나 컸기 때문이다. 정자는 한 번에 4억 개 정도가 방출된다. 우리 모든 사람들은 4억 분의 1의 확률 속에서 선택된 존재들이다. 그러므로 우리 모두는 정말로 특별하다. 거리를 지나가는 모든 사람들은 보통 사람이 아니라 굉장한 사람들이다. 인간으로서 자부심을 가져도 좋다.

한번 생긴 세포는 사람의 일생동안 끝까지 운명을 같이하지 않는다. 세포의 수명은 다양하다. 어떤 세포는 생긴 지 3일 만에 죽는다. 어떤 세포는 30년 이상 살기도 한다. 그렇다면 30세 이상의 사람 몸에는 태어날 때 생긴 세포는 거의 하나도 없는 셈이다. 세포는 끊임없이 생기고 사라지고 또 생긴다. 우리 모두는 자신도 알지 못하는 사이에 계속 거듭나고 있다.

이렇게 우리 생명을 이루고 있는 기본 단위인 세포는 하나하나 떼어놓고 보면 아주 작고 보잘것없어 그곳에 생명이 없을 것 같지만 그렇지 않다. 과학의 발달로 속속 밝혀지는 세포의 세계는 사람들을 놀라게 했다. 왜냐하면 그 작디작은 세포 속에 완벽한 생명이 존재하고 있는 것이 발견됐기 때문이다.

세포의 구조

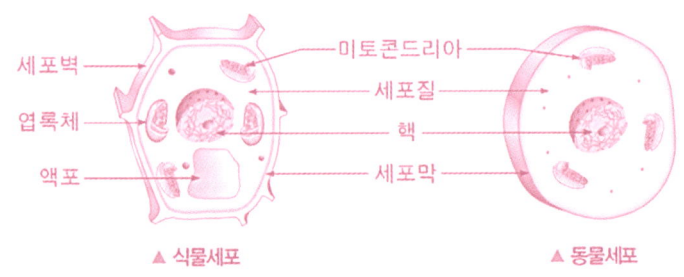

▲ 식물세포   ▲ 동물세포

세포는 세포질과 핵으로 이뤄져 있다. 또 미토콘드리아라는 세포를 움직이기 위한 동력을 일으키는 공장이 있다. 핵 속에 DNA라는 것이 있는데 이를 유전자라고 한다. 사슬 모양의 유전자 속에 세포의 역할, 모양, 기능이 모두 입력되어 있다. 누가 입력했겠는가? 인간 가운데 60조 이상의 세포에 이것을 입력한 사람은 아무도 없다. 그래서 과학을 깊이 연구하면 할수록 DNA 속에 수많은 정보를 입력 한 것은 하나님이시라고 고백할 수밖에 없게 된다. 하나님은 전능하신 분이다. 그분은 무에서 유를 만드신 분이다. 그런 하나님의 능력이 세포 속에 담겨 있는 것이다.

 이렇게 장황하게 세포에 대해 설명한 이유는 교회에서 '전인적 소그룹'이 세포와 같은 역할을 하기 때문이다. 교회를 몸으로 볼 때 소그룹은 세포에 해당된다. 하나의 세포는 지극히 작지만 그 안에 완전하고 놀라운 생명이 들어 있는 것 같이 교회 내 소그룹 역시 작지만 그 안에 온전한 생명이 있다.

 '전인적(全人的)'이란 지정의가 조화를 이루는 원만한 인격을 말한다. 이전까지 교회에서는 소그룹을 전인적으로 여기거나 생각하지 못했다. 과거에 세포의 가치를 알지 못해 그 속에 온전한 생명이 들어 있음을 몰랐던 것과 같다. 교회 안에는 제직회, 각 부서, 목장, 여전도회, 남선교회, 교사회 등 여러 모임들이 세포와 같이 존재한다. 이런 모임들이 예배, 전도, 중보기도, 친교, 섬김, 양육 등의 본질적 요소를 행하는 생명력 있는 모임이 되어야 한다. 이렇게 된 작은 모임들을 전인적 소그룹이라 한다. 전인적이라는 말이 다소 어렵게 다가와 쉽게 이해되도록 '살아있는 작은 교회'라고 새롭게 번역했다.

 소그룹의 중요성에 대한 인식은 예수님께로부터 시작되었다. 3년간의 공생애 기간 동안 예수님에게는 수많은 사람들이 모여들었다. 예수님은 자신을 따르기 원하는 군중들 가운데 단 12명만을 제자로 삼으시고 직접 양육하셨다. 3년 동안 소그룹 양육을 하셨지만 예수님이 십자가에서 돌아가셨을 때 그들은 모두 자신들이 실패자라고 생각했다. 왜냐하면 자신들을 가르쳤던 스승님이 허망하게 십자가 형의 이슬로 사라졌기 때문이다. 그러나 그것이 끝은 아니었다. 그 스승님은 부활하셨다. 결과적으로 제자들은 실패 같은 성공을 거둔 사람들이 되었다. 열두 제자들에 의해 전해진 복음이 시대를 초월해 세계만방에 전해졌기 때문이다.

예수님이 중시하셨던 소그룹 운동은 역사 가운데 잠시 잊혔지만 현대에 들어와 다시 그 중요성이 부각되고 있다. 그 원인을 교회 안과 밖에서 찾아볼 수 있다. 교회 밖 원인으로는 산업화 사회에서 정보화 사회로의 변화를 들 수 있다. 대량생산 위주의 산업화 사회에서는 생산자 중심의 가치관이 자리하고 있었다. 그러나 정보화 사회는 소수 정예화가 특징이다. 작지만 놀라운 결과를 낼 수 있는 벤처 산업이 발달하고 소비자 중심의 가치관이 자리 잡고 있다. 정보화 시대에서는 발신자 중심에서 수신자 중심으로 중심축이 이동되었다. 과거에는 정보를 얻기 위해서는 신문을 보거나 방송 뉴스를 들어야 했다. 신문이나 방송에 나오는 뉴스를 누구나 다 보아야 했다. 경우에 따라서는 발신자에 의해서 왜곡된 뉴스가 나오더라도 수신자들은 그대로 받아들일 수밖에 없었다. 그러나 지금은 인터넷과 모바일 등 첨단 기기를 통해 소비자가 뉴스를 골라 볼 수 있게 됐다. 각종 뉴스와 정보를 개인들이 선택할 수 있게 된 것이다. 과거에는 그저 뉴스를 받아보기만 했지만 이제는 댓글을 달기도 하고 개인 유튜브 방송을 통해 쌍방향으로 뉴스를 교환할 수 있게 됐다. 산업화 시대에는 큰 것이 무조건 세상을 지배하게 되는 구조였지만 정보화 시대에서는 작은 것이 얼마든지 큰 것을 이길 수 있게 됐다. 세상이 변한 것이다. 이런 세상의 변화가 소그룹의 중요성을 새롭게 인식하게 했다.

교회 안 원인으로는 소그룹에 눈 뜬 교회들이 성장하며 그들이 크기와 상관없이 왕성한 선교를 하고 있다는 사실이 정보화 시대와 맞물려 전 세계교회들에 알려지게 된 것을 들 수 있다. 이런 과정에서 나온 것이 '셀(Cell) 교회 운동'이다. 물론 셀이란 세포를 의미한다. 셀 교회 운동에서 셀은 구역을 의미한다. 구역 하나하나가 세포와 같이 살아 있고 온전한 생명을 가질 수 있다는 것이다. 각각 생명력을 지닌 세포처럼 살아 있는 소그룹, 생명 있는 소그룹을 만들자는 운동이 셀교회 운동이다.

거룩한빛광성교회는 사회구원과 개인구원이라는 '두 날개'를 중시한다. 셀 교회 역시 두 날개를 강조한다. 여기서 두 날개는 소그룹과 예배다. 셀교회 운동을 하는 이들은 어떤 면에서 소그룹을 더 강조하고 있는 듯하다. 이들이 의미하는 생명력 있는 온전한 소그룹이 되기 위해서는 전인적 소그룹이 되어야 한다. 이는 비록 소그룹이 작아도 반쪽짜리 생명이 아니라 하나의 교회가 지닌 온전한 본질을 모두 갖는 모임이 되어야 함을 의미한다. 그렇게 될 때, 전인적 소그룹은 '교회 내 교회'로서 각각 교회의 기능을 발휘할 수 있게 된다.

실제로 한국 교회에 전인적 소그룹 운동을 펼치는 곳이 많다. 이름은 각각 다를 수 있다. 셀이나 목장, 순, 셀, 다락방 등에서 예배가 드려지며 전도, 봉사, 교육, 친교가 행해지고 있다. 이를 위한 헌신도 있다. 마을마다, 아파트마다, 목장마다 살아 있는 작은 교회들이 형성돼 하나님의 나라가 이 땅 위에 널리 확장되고 있는 것이다. 세포의 원리를 이해한다면 교회의 크고 작음은 생명을 간직하고 생명을 전하는데 아무런 문제가 없다는 것을 알게 된다. 작은 교회는 작은 대로, 큰 교회는 큰 대로 그 안에서 생명이 약동하고, 그 생명을 주위에 전하면 된다. 그러면 그리스도의 몸 된 교회를 이루는 세포로서의 사명을 다하는 것이다. 이 땅의 교회 내 소그룹들이 모두 살아 있는 작은 교회가 되기를 간절히 기도한다.

1. 온전한 사람으로 양육하라

 전인적 소그룹이 확산되기 위해서는 큰 것을 동경하고 좋아하는 심리에서 벗어나야 한다. 우리는 작은 나라에서 태어난 콤플렉스 때문인지 큰 것을 좋아한다. 그저 좋아하는 정도가 아니라 대단히 좋아한다. 그래서 모든 이름 앞에 큰 대(大)자를 붙인다. 대한민국, 대통령, 대학교, 대사…. 길 이름도 대로(大路)로, 다리 이름도 대교(大橋)로 짓는다. 이런 분위기 속에서 자연스레 작은 것을 무시한다. 작은 것은 스스로 기가 죽고 불안해한다. 그러나 성수대교가 무너진 것은 작은 나사 하나 때문이었다는 점을 명심해야 한다. 작은 것은 소중하고 중요하다! 작은 것이 아름답다!(Small is Beautiful!)

 거대한 미국이 세계를 이끌어 가는 것 같지만 그 안에 무수한 문제들이 있고 국민들의 행복감도 그다지 높지 않다. 세계에서 개인

소득과 행복지수가 가장 높은 나라는 룩셈부르크, 네덜란드, 스위스, 스웨덴, 노르웨이, 핀란드 등과 같이 상대적으로 작은 나라들이다. 이들 국가의 주요 생산품도 조선이나 자동차같이 큰 것들이 아니라 꽃이나 시계 같은 작은 것들이다. 한국 교회라는 큰 숲이 건강하게 성장하기 위해서는 작지만 알찬 교회들이 많아져야 한다. 또한 큰 교회라 힐지라도 그 인에 무수한 소그룹들이 '작온 교회'로서 생명을 낳는 일에 매진할 때 한국 교회라는 모판이 건강하게 성장할 수 있다.

> "우리가 다 하나님의 아들을 믿는 것과 아는 일에 하나가 되어 온전한 사람을 이루어 그리스도의 장성한 분량이 충만한 데까지 이르리니"(엡 4:13)

온전한 믿음을 가진 사람이 되어야 장성하고 성령 충만한 그리스도인으로 자라갈 수 있다. 한 사람을 온전한 믿음의 일꾼으로 양육하기 위한 가장 적합한 구조가 바로 소그룹이다. 나는 학교에 참 관심이 많다. 직접 광성드림학교를 만들어 훌륭한 학교로 성장시켰다. 요즘의 학교의 위기, 교실의 붕괴를 보면서 정보화의 물결로 세상이 변하는데 학교에서는 한 반에 30여 명씩 모아놓고 대량교육을 하고 있는 것이 하나의 이유라고 생각했다. 한 영어 선생님은 제대로 영어를 가르치기 위해서는 6명이 넘어선 안 된다고 내게 말했다. 학교의 문제를 해결하기 위해서는 학급 당 인원을 줄여야 하는데 여기에는 막대한 재정이 필요하다. 그렇다고 소그룹으로의 전환을 마냥 미룰 수는 없다. 소그룹이 능력과 성품을 갖춘 온전한 실력자로 우리 아이들을 양육하는데 가장 효과적이기 때문이다. 이는 교회도 마찬가지다.

시워드 힐트너라는 저명한 목회 상담학자는 목회의 세 기둥으로 전달(Communicating)과 목양(Shepherding), 조직 (Organizing)을 들었다. 교회에서 중요시하는 설교는 전달에 해당된다. 그런데 성도들은 강대상에서 전해지는 설교를 일방적으로 들을 수밖에 없다. 설교 시간에 궁금한 게 있어도 "질문 있습니다"라며 손들고 물을 수 없다. 만일 그런 사람이 있다면 예배 방해자나 이상한 사람 취급을 받게 될 것이다. 그러나 소그룹 모임을 통한 성경공부에서는 질문과 토의가 가능하다. 주입식 교육이 아니라 토론식 교육을 통한 양육이 제대로 이뤄질 수 있다.

또 소그룹에서는 목회자가 성도 개개인의 신앙 성장을 관찰할 수 있기에 목회 전반에 도움을 받을 수 있다. 소그룹 모임에서 두각을 나타내는 성도를 눈여겨보다가 교회 전체적으로 중요한 일을 맡길 수 있기 때문이다. 성도들을 깊이 알 수 있어 그들의 은사를 최대한 발휘하도록 적재적소에 배치할 수 있다. 임상적으로도 소그룹에 참여한 교인들이 예배만 드리는 교인들보다 성장이 훨씬 빠른 것으로 나타났다. 나도 목회하면서 교회에서 일대일 제자 양육훈련을 받은 분들, 부부 목장에 참여하는 남자 성도들의 신앙이 예배만 드리는 사람들보다 훨씬 빠르게 성장하고 인격도 성숙해 가는 것을 목격했다. 그러므로 성도들이 소그룹에 적극 참여토록 하는 일이 목회에서 아주 중요하다.

진정한 교육은 가르치는 자와 배우는 자들이 서로 깊이 알 때에만 이뤄질 수 있다. 그런데 대중교육이나 집단교육 방식으로는 서로를 제대로 아는 것이 불가능하다. 그런 피상적 세팅에서는 인격적 만남이 이뤄질 수 없다. 눈높이 교육이 불가능하다. 집단교육에서는 10%의 똑똑한 사람들을 위해 90%의 보통 사람들이 희생하는 경우가 자주 발생한다. 그런 교육 환경에서는 학생들 스스로가 깨닫고, 스스로 자라야 한다. 이런 병폐를 제할 수 있는 좋은 대안이 소그룹 운동이다.

교회적인 측면에서 소그룹은 하나님의 축복이다. 사람들은 소그룹에서 주일예배를 통해선 맛보지 못한 새로운 신앙의 맛과 사랑의 교제를 경험하며 자신들의 마음 문을 활짝 열게 된다. 그런 과정에서 치유가 일어난다. 현대인은 누구나 외로운 존재들이다. 군중 속에서 고독을 느낀다. 사람보다는 핸드폰과 더 많은 대화를 나눈다. 누구나 정에 굶주려 있다. 겉으로는 멀쩡해 보여도 내면으로 들어가면 모두들 가슴에 구멍이 뻥 뚫려 있다는 사실을 알 수 있다. "뻥 뚫린 내 가슴에 서러움이 물 흐르면~"이라는 유행가 가사 같이 허전한 마음을 부여안고 살아가는 존재가 바로 현대인들이다. 소그룹을 통해 이들의 뻥 뚫린 영혼이 치유될 수 있다. 똑같이 고독한 사람들이 소그룹에서 마음을 나누며 교제하고, 말씀과 기도를 통해 치유되며 양육 받을 수 있는 자리가 바로 소그룹이다.

소그룹에서 가장 대표적인 것이 '목장'이다. 한국 교회 내에서 "목장이 살아야 교회가 산다"는 말도 보편화 됐다. 수십만 명의 교인들로 세계에서 제일 큰 교회인 여의도순복음교회는 전인적 소그룹으로 부흥한 대표적인 케이스다. 아마도 과거에 여의도순복음교회의 구역예배에 참석했거나 옆집에 그 교회 교인이 살았던 분들은 모두 잘 알 것이다. 그들의 구역 예배는 본 교회 예배와 다름없었다. 열정적인 찬송과 부르짖는 기도, 불신 이웃 초청 등 교회가 하는 모든 것이 갖춰진 전인적 소그룹이었다. 그때 장로교회 교인들은 그 모습을 보면서 '이들이 동네를 시끄럽게 하며 교회 망신을 시킨다'고 생각하며 흉을 봤다. 그러나 그들은 그런 것에는 아랑곳하지 않고 구역을 전인적 소그룹을 만들었다. 그 결과 여의도순복음교회는 세계에서 유례를 찾아보기 힘들 정도로 놀라운 성장을 하게 되었다.

랄프 네이버라는 미국 목사가 여의도순복음교회의 이런 현상을 주목했다. 그는 여의도순복음교회를 여러 차례 탐방, 조사한 후에 셀교회에 대한 책을 썼다. 그 책을 한국 교회 목회자들이 읽고 각 교회에서 적용했다. 그 책으로 인해 랄프 네이버 목사는 '셀교회의 아버지'란 평을 듣게 되었다. 사실상 셀 교회의 원조라고 할 수 있는 한국 교회가 랄프 네이버 목사의 셀 교회 원리를 수입해서 배우게 된 것이니 아이러니라면 아이러니라고 할 수 있다. 그러나 누가 원조였느냐가 초점이 아니라 소그룹 원리를 제대로 적용하는 것이 중요하다. 분명한 것은 소그룹에 주님이 함께 계신다는 사실이다.

"두세 사람이 내 이름으로 모인 곳에는 나도 그들 중에 있느니라."(마 18:20)

큰 교회뿐 아니라 작은 교회나 소그룹에도 주님이 계시며 주님의 역사는 어디서나 동일하게 나타난다. 이것은 너무나 당연하다. 주님은 한 영혼을 천하보다 더 중요하게 여기신 분이셨다. 한 영혼을 구원하는 교회는 어디나 소중한 교회다. 특히 생명이 있고, 생명을 낳는 작은 교회는 지금의 교회 위기 시대에 소망이 될 수 있다. 우리는 그동안 너무나 큰 것만 추구해 왔다. 이제 작은 것에 눈을 돌릴 때다. 시대적으로도 중요하다. 살아 있는 작은 교회를 만드는데 우리 모두가 매진해야 한다. 작은 것이 아름답다!

2. 상처 받은 심령을 치유하라

세상에는 타인을 사랑하지 못할 만큼 가난한 사람은 없고, 남의 사랑을 받지 않아도 될 만큼 부요한 사람도 없다. 사람은 누구든지 크건 작건 상처를 안고 살아간다. 인간은 연약한 질그릇 같아 어려서 부모에게 받은 상처가 평생 마음속에 똬리를 튼 뱀과 같이 남아 있다. 그것이 언젠가는 무의식적으로 밖에 튀어나와 독을 쏟으며 남에게 상처를 준다. 그런 기억하지 못하는 상처는 정말 고치기 힘들다. 상처 받은 마음을 쏟아내는 자신도 스스로의 행동과 분노하는 마음의 원인을 알지 못하기 때문이다.

예배에 참석해 설교를 듣다가 상처의 원인을 깨닫고 회복되는 경우는 백 명 가운데 한 명이 있을까 말까 하다. 그러나 작은 모임, 즉 소그룹 등 자신의 마음 문을 열 수 있는 모임을 제대로 만나게 될 때, 상처 받은 심령이 치유될 수 있다. 실제로 그런 사람들을 많이 보았다. 이것이 수많은 성도들을 대상으로 오랜 목회 활동을 펼친 나의 경험적 고백이다. 지금도 이 땅의 무수한 소그룹에서는 놀라운 치유의 역사가 나타나고 있을 것이다. 마음속 상처가 제대로 치유되지 않으면 언젠가 그 상처가 겉으로 터져 나와 자신은 물론 다른 사람들까지 쓰러지게 할 것이다. 그런데 큰 모임에서는 진정한 만남을 갖기 어렵기에 사람들이 마음의 문을 열지 않는다. 당연히 치유받기 어렵다. 그러나 작은 모임에서는 긴밀하게 교제할 수 있다. 소그룹이기에 자신의 상처를 드러내고 마음 문을 열 수 있는 기회가 많이 제공된다. 다른 사람의 고백을 통해 용기를 내어 자신의 상처를 드러낼 수 있다. 이런 과정을 통해 소그룹은 '치유하는 공동체'가 된다. 현대 교회, 특히 대형 교회에서 성도의 교제는 점점 줄어들고 있다. 대형 교회에서는 자신을 드러내지 않고 조용히 신앙생활을 할 수 있다. 익명성이 보장되는 것이다. 한국 교회 내에는 그런 익명의 교인들이 많이 있다. 소그룹에서는 익명으로 존재할 수 없다. 누구나 자신을 드러내야 한다. 목자들은 각 목원들에게 양질의 목회를 펼칠 수 있다. 그럼으로써 소그룹은 익명성이 보편화 된 한국 교회 내에서 구성원들 간의 친밀한 교제를 가능하게 해 주는 또 하나의 교회가 될 수 있다. 소그룹이 온전히 또 하나의 교회가 되기 위해서는 여러 소그룹의 리더의 역할을 맡는 목사, 팀장, 부장, 리더, 위원장, 성경공부 지도자들이 작은 목회자가 되어야 한다. 그들이 담임 목사와 같은 심정으로 목회를 할 때 소그룹은 교회 내 또 하나의 교회로서 활성화될 수 있다.

소그룹의 장점은 너무나 많다. 건강한 소그룹은 상호 격려와 후원을 통해 교인 상호간의 신앙 성장에 많은 도움을 줄 수 있다.

"이는 우리가 이제부터 어린 아이가 되지 아니하여 사람의 속임수와 간사한 유혹에 빠져 온갖 교훈의 풍조에 밀려 요동하지 않게 하려 함이라."(엡 4:14)

소그룹마다 살아있는 작은 교회가 되면 서로 교제하고 마음을 터놓을 수 있기 때문에 상한 심령이 위로받을 뿐만 아니라 세상 유혹에도 흔들리지 않을 수 있다. 소그룹에 들어오면 세상에 휩쓸려 이중적 신앙생활을 하던 성도들이 온전히 하나님만 바라보는 심지가 굳건한 신앙인이 되게 된다. 신앙 성숙이 이뤄지면서 어떤 세상의 풍파와 유혹에도 흔들리지 않는 반석과 같은 믿음의 소유자가 되는 것이다. 활성화된 소그룹을 잘 살펴보면 그런 심지가 굳건한 성도들이 많이 있다는 사실을 알 수 있다. 소그룹에 참여하지 않고 예배만 드리면 수십 년 신앙생활을 했다 할지라도 여전히 어린아이와 같은 유약한 신앙만 지닐 수 있다. 그럴 경우엔 세상의 흐름에 따라 이리

흔들리고, 저리 흔들리는 요동치는 삶을 살게 된다. 소그룹은 이 같은 점을 보완할 수 있는 아주 유용한 수단이다.

> "갇힌 중에서 낳은 아들 오네시모를 위하여 네게 간구하노라. 그가 전에는 네게 무익하였으나 이제는 나와 네게 유익하므로 네게 그를 돌려보내노니 그는 내 심복이라."(몬 1:10~12)

바울이 로마 감옥에 갇혀 있을 때 한 젊은이가 감옥에 들어왔다. 그가 바울의 전도로 회개하고 예수를 믿어 세례를 받게 되었는데 회개의 내용을 들으니 참 기가 막혔다. 바울이 전에 골로새에서 빌레몬이라는 부자를 전도하고 그의 집에 골로새 교회를 세웠다. 그러니까 빌레몬은 바울의 충성된 제자이다. 그런데 감옥에서 믿고 회개한 오네시모라는 젊은이가 바로 빌레몬의 돈을 훔쳐 로마로 도망친 것이다. 이유는 정확히 알 수 없다. 노름하다 돈을 탕진하고 잡혔거나, 도둑질하다 잡혔는지 아무튼 감옥에 들어왔다. 당시 노예는 도망치다 잡히면 사형을 당할 수도 있었다. 그만큼 노예가 도망치는 것은 중범죄에 해당됐다.

그 오네시모가 감옥에서 복음을 받아들여 예수님을 믿고 양육을 받아 완전히 새사람이 되었다. 바울의 사랑, 성령의 감동, 말씀의 능력으로 그는 완벽히 다른 종류의 사람이 된 것이다. 감옥에서 바울과 소그룹 모임을 하면서 오네시모의 상한 심령이 치유를 받았다. 그가 형기를 마치고 출옥하게 되었을 때 바울은 그를 주인 빌레몬에게 가게 했다. 그러면서 빌레몬에게 오네시모를 용서하고 노예가 아니라 형제로 받아들이라고 쓴 편지가 빌레몬서다. 참으로 아름다운 이야기가 아닐 수 없다. 이렇게 예수님을 제대로 믿으면 상한 심령이 치유되어 새로운 사람이 될 수 있다. 그 역사가 감옥 같은 소그룹 모임에서 효과적으로 이뤄진다.

교회는 치유하는 공동체가 되어야 한다. 상처 받은 사람들이 마지막으로 와서 거하는 안식처가 되어야 한다. 그러기 위해서 소그룹이 필요하다. 목장과 셀, 다락방, 각종 사역 팀에서 심령을 치유하는 역사가 일어날 수 있다. '살아 있는 작은 교회'가 번식해서 사랑을 전파하는 것이야말로 사랑의 본이 되시는 예수님이 가장 기뻐하시는 일이다.

3. 풍성한 생명의 번식을 하라

예배당이 아무리 좋고, 성도 수가 많고, 소그룹이 활성화되어 사랑의 교제가 이뤄지더라도 생명을 낳는 전도가 이뤄지지 않는다면 그 교회는 죽은 교회라고 할 수 있다. 죽은 교회에서 이뤄지는 모든 것은 전혀 영적이지 않다. 생명이 있는 것은 반드시 번식한다. 열매를 맺게 되어 있다. 나무가 열매를 맺는 목적은 열매 자체에 있지 않고 그것을 통해 또 다른 나무를 키우기 위함이다. 교회 내 소그룹의 목적은 단순히 모여 교제하는데 있지 않다. 또 다른 소그룹을 만들어 내는데 그 목적이 있다.

살아있는 세포는 분열하며 번식한다. 하나가 둘로, 둘이 넷으로, 넷이 여덟으로 자라난다. 눈에 보이지도 않는 정자와 난자가 합해져 열 달을 자라는 동안 마침내 평균 3.5kg의 생명으로 태어난다. 정자와 난자 자체에 생명이 있기에 번식하는 것이다. 그러므로 생명이 있는 교회는 반드시 성장하고 번식한다. 아무리 교회에 사랑이 많고 교제가 풍성해도 생명을 낳는 역사가 이뤄지지 않는다면 스스로를 심각히 점검해 보아야 한다. 과연 우리 교회에 생명이 있는지, 없는지를 말이다.

> "오직 사랑 안에서 참된 것을 하여 범사에 그에게까지 자랄지라. 그는 머리니 곧 그리스도라. 그에게서 온 몸이 각 마디를 통하여 도움을 받음으로 연결되고 결합되어 각 지체의 분량대로 역사하여 그 몸을 자라게 하며 사랑 안에서 스스로 세우느니라."(엡 4:15~16)

생명 있는 그리스도인은 범사에 자라게 되어 있다. 생명 있는 소그룹 역시 항상 자라난다. 각 지체를 이루고 계속 번식한다. 생명의 특징은 성장한다는데 있다. 사람이 장성하면 부모를 떠나 독립하는 것처럼 소그룹은 계속 번식에 번식을 거듭해야 한다.

과거 중국에 '마군단(馬軍團)'이 있었다. 군대나 마귀들의 집합소가 아니라 마쥔런이라는 감독이 이끌었던 중국 육상 국가 대표팀을 일컫는 말이다. 1990년대 초반 이들이 갑자기 세계 육상계에 다크

호스로 등장하더니 각종 대회에서 메달을 휩쓸기 시작했다. 세계 스포츠계는 그들의 훈련 방법에 주목했다. 그런데 별다른 게 없었다. 대동소이했다. 그러다 세계 육상 강호팀들의 훈련과는 다른 한 가지를 발견했다. 그것은 마 감독이 선수들에게 동충하초(冬蟲夏草)를 먹인 것이었다. 그것을 계기로 동충하초가 세계적으로 알려졌다. 동충하초는 버섯의 포자를 굼벵이와 같은 벌레가 먹으면 그 버섯이 벌레의 뱃속에서 자라나 겨울에는 벌레였던 것이 여름에는 버섯이 된 것을 말한다. 중국에서 동충하초는 진시황과 양귀비가 먹었던 불로장생의 묘약으로 알려졌다. 중국의 개혁·개방을 이끈 덩샤오핑은 93세까지 건강하게 살았는데 그 역시 동충하초를 오랫동안 먹었다고 한다. 아무튼 생명은 이같이 놀라운 힘을 가지고 있다. 포자와 같이 보이지도 않는 작은 버섯 균이 벌레의 영양분을 다 빨아먹어 신비의 약효가 있는 버섯이 될 수 있는 것이다.

교회 소그룹도 동충하초와 같다. 소그룹 속에 하나님의 살아 있는 말씀이 떨어지고, 성령의 능력이 함께 하면 작은 버섯 균이 벌레의 영양분을 다 빨아 먹듯 불신자들이 그 말씀을 빨아 먹어 스스로 하나님의 사람으로 변화돼 다른 사람에게 생명을 전하는 데까지 성장하게 된다.

그러므로 교회의 모든 소그룹은 전인적 소그룹이 되어야 한다. 목장과 성경공부 모임뿐 아니라 남녀 선교회와 찬양팀, 등산 선교팀, 골프 선교팀, 야구 선교팀, 축구 선교팀, 교회학교, 도서관, 문화강좌, 상담실 등 모든 소그룹이 전인적 소그룹, 즉 살아있는 작은 교회가 되어야 한다. 스포츠 선교팀이 단순히 축구나 야구, 골프만 하고 끝난다면 세상 모임과 아무런 차이가 없다. 친목에는 도움이 되겠지만 영적으론 전혀 의미 없는 일이다. 반드시 말씀이 들어가야 하고 기도가 있어야 한다. 말씀을 먹고, 서로를 위해 중보기도하며, 상처 받은 회원을 치유하는 사랑의 손길이 펼쳐져야 한다. 그리고 불신 영혼들을 전도하기 위한 계획을 세우고 실천해야 한다. 그런 모임을 가리켜 전인적 소그룹, 즉 살아있는 작은 교회라고 부른다.

소그룹은 긴밀한 인간관계를 통해 자연스럽게 전도할 수 있다. "교회에 가서 함께 예배드리자"라고 권하는 것보다 "우리 집에 와서 차 한 잔 마시자"고 하는 것이 불신자들에게 훨씬 더 부드럽게 다가가고 효과도 좋다. 거룩한빛광성교회는 성도들이 불신자들과 쉽게 접촉하기 위한 여러 장치들을 마련해 두었다. 교회 1층에 '올리브향기'란 카페가 있으며, 양서를 확보한 도서관도 있다. 각종 문화 강좌도 활성화되어 있다. 상담실도 있다. 이 모든 것들은 전도를 위한 것이다. 이런 교회의 각종 장치들에서 마음의 문을 연 전도 대상자들은 결정적으로 소그룹을 통해 자연스럽게 교회로 인도될 수 있다.

나는 중 3때 잠시 곁길로 나간 적이 있었다. 그때 어머니가 한 교회의 여름수련회에 가라고 회비를 먼저 내버리셨다. 처음에는 완강히 안 간다고 했지만 어머니는 "그러면 회비를 돌려받지 못한다"면서 끝까지 갈 것을 강권했다. 회비는 5000원으로 당시로서는 상당히 큰 금액이었다. 할 수 없이 억지로 참석했다. 수련회에 온 내 또래 아이들은 술과 담배를 하지 않는데도 얼마나 재미있게 노는지

몰랐다. 함께 '사치기 사치기 사뽀뽀' '짜장 짜장' 놀이를 하다가 교회 친구들이 생겼다. 또 여학생들은 얼마나 예쁘고 착했던지…. 그때부터 나는 열심히 교회에 다니기 시작했고 목사까지 되었다. 교회와의 만남이 내 인생을 혁명적으로 변화시킨 것이다. 엎어져도 교회에 가서 엎어지면 복을 받는다. 어떤 방법을 써서라도 불신자들을 교회로 인도하면 하나님의 역사 가운데 믿음의 사람들로 변화하게 된다.

교회 소그룹은 전도를 통해 반드시 번식해야 한다. 그것이 하나님의 뜻이다. 하나님께서 생명체를 만드실 때에는 그 생명체가 어느 정도까지 자라나 때가 되면 생식기능을 통해 닮은꼴을 만들어 생명이 이어질 수 있도록 하셨다. 그것이 하나님이 만드신 오묘한 생명의 법칙이다. 그러므로 정해진 시간이 되어 분리되는 것을 당연히 받아들여야 한다. 건설적 분리를 불안해하면 안 된다.

출애굽 이후 모세 혼자 전 이스라엘 공동체를 다스리면서 모세도, 이스라엘 백성들도 모두 지쳤다. 그러다 모세의 장인 이드로의 조언대로 소그룹 리더를 세우자 문제가 해결됐다. 초대교회 공동체에서도 사도들이 모든 일을 다 할 때엔 소외되는 사람이 생기는 문제가 나타났다. 이에 사도들이 일곱 집사를 세워 일을 나누니 교회가 평안해지고 더욱 성장하게 되었다. 일꾼을 세워 소그룹을 번식시키는 모임이 생명 있는 모임이다. 모든 소그룹은 시작될 때부터 차기 리더를 세워 번식에 대비해야 한다. 이것이 증식하는 교회의 핵심요소다.

> "또 네가 많은 증인 앞에서 내게 들은 바를 충성된 사람들에게 부탁하라. 그들이 또 다른 사람들을 가르칠 수 있으리라."(딤후 2:2)

사도 바울은 디모데를 소그룹의 리더로 세웠다. 디모데는 또 자기 제자 중에서 리더를 세워 또 다른 소그룹을 인도하게 했다. 바울로부터 시작된 건강한 분리로 교회는 계속 뻗어 나가게 됐던 것이다. 이 같은 복음의 핵분열이 한국 교회에서도 다시 일어나야 한다.

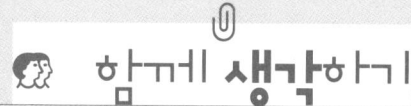

1. 지금 출석하는(담임하는) 교회에는 소그룹이 활성화되어 있는가? 그렇다면 각 소그룹이 예배, 전도, 중보기도, 친교, 섬김, 양육 등의 본질적 요소를 행하는 생명력 있는 모임으로 존재하고 있는가?

2. 지금 출석하는(담임하는) 교회에 와서 마음과 몸의 치유를 받고 있는가? 그렇지 않다면 그 이유는 무엇이라고 생각하는가?

3. 지금 출석하는(담임하는) 교회의 소그룹에서는 복음의 핵분열이 원활하게 이뤄지고 있는가?

4. 지금 출석하는(담임하는) 교회에 존재하는 소그룹 외에 어떤 소그룹이 생기면 참여할 마음이 있는가? 복음 전파와 은사의 융합이라는 관점에서 생각하시오.

7장

필요 중심적 전도

"내가 복음을 전할지라도 자랑할 것이 없음은 내가 부득불 할 일임이라. 만일 복음을 전하지 아니하면 내게 화가 있을 것이로다. 내가 내 자의로 이것을 행하면 상을 얻으려니와 내가 자의로 아니한다 할지라도 나는 사명을 받았노라. 그런즉 내 상이 무엇이냐 내가 복음을 전할 때에 값없이 전하고 복음으로 말미암아 내게 있는 권리를 다 쓰지 아니하는 이것이로다. 내가 모든 사람에게서 자유로우나 스스로 모든 사람에게 종이 된 것은 더 많은 사람을 얻고자 함이라. 유대인들에게 내가 유대인과 같이 된 것은 유대인들을 얻고자 함이요 율법 아래에 있는 자들에게는 내가 율법 아래에 있지 아니하나 율법 아래에 있는 자 같이 된 것은 율법 아래에 있는 자들을 얻고자 함이요 율법 없는 자에게는 내가 하나님께는 율법 없는 자가 아니요 도리어 그리스도의 율법 아래에 있는 자이나 율법 없는 자와 같이 된 것은 율법 없는 자들을 얻고자 함이라. 약한 자들에게 내가 약한 자와 같이 된 것은 약한 자들을 얻고자 함이요 내가 여러 사람에게 여러 모습이 된 것은 아무쪼록 몇 사람이라도 구원하고자 함이니 내가 복음을 위하여 모든 것을 행함은 복음에 참여하고자 함이라."(고전 9:16~23)

슈바르츠 목사가 꼽은 건강한 교회에 필요한 8가지 질적 특성 가운데 7번째가 '필요 중심적 전도'다. 전도란 말은 수없이 듣고 직접 실행도 해 보았겠지만 '필요 중심적 전도'란 말은 생소할 것이다. 필요 중심적이란 어떤 의미인지 살펴보자.

사람 몸의 60% 이상은 물로 되어 있다. 그런데 몸속의 물은 그대로 머물러 있지 않는다. 소변과 대변, 땀과 눈물로 배출되어 줄어들게 마련이다. 그러므로 매일 몸에 일정량의 물을 공급해 주지 않으면 물 부족으로 인해 열이 나고 탈진하게 된다. 물을 좋아하는 사람은 하루에 몇 리터씩도 벌컥벌컥 마신다. 물은 몸의 신진대사를 돕는 등 건강에 매우 유익한 역할을 한다. 그러나 물이 몸에 좋다고 아이들에게 강제로 물을 먹이면 안 된다. 그것은 물고문이 된다.

어린 시절, 이웃 마을에 재건이라는 형이 살았다. 그 형이 초등학교 5학년 자연 시간에 참기름 속에는 우리 몸에 아주 좋은 영양소가 골고루 담겨 있다는 사실을 배웠다. 그날 수업을 마치고 집에 돌아온 즉시 부엌에 들어가 찬장을 뒤지니 참기름 한 병이 있었다. 그것을 사이다 마시듯 꿀꺽꿀꺽 다 마셔 버렸다. 조금 지나니까 배가 꾸물거리기 시작했다. 재건이 형이 저녁 내내 화장실을 들락날락 거리며 아주 혼이 났다고 내게 이야기해줬던 것이 지금도 기억난다.

전도는 분명 생명을 구원하는 데 필수 조건이며 기독교인이 행해야 할 가장 중요한 일이다. 그러나 준비하지 않고 전한다던가, 혹 받을 준비가 전혀 되지 않은 사람에게 전하면 오히려 역효과가 난다. 부작용도 발생한다. 한 번 전도에 실패하면, 그 전도 대상자를 다시 전도하기란 여간 어려운 것이 아니다. 한국 교회 내에 다음과 같은 여러 전도 방법이 있다.

진돗개 전도	대상을 정하면 진돗개처럼 끝까지 물고 늘어지는 방법
맞춤 전도	직업별, 연령별로 행사를 기획한 후 초청하여 전도하는 방법
3자 전도	하나님(예수님) 자랑, 교회 자랑, 목사님 자랑을 하면서 전도하는 방법
고구마 전도	고구마를 삶을 때 잘 익었는지 찔러보듯 꾸준히 전도하는 방법
관계중심 생활 전도 (오이코스 전도)	삶을 통해 전도 대상자와 좋은 관계를 유지하며 전도하는 방법

필요 중심적 전도란 초점을 불신자들의 당면한 문제에 두며 그들의 필요를 충족시키는데 맞춰 전도하는 방법을 말한다. 필요 중심적 접근 방식은 불신자들의 필요를 외면하지 않고 진지하게 받아들이는 것이다. 때론 그런 방법이 영적이지 못하다며 비난 받을 수도 있다. 가령 문화강좌를 통해 지역주민들을 교회에 끌어들이는 것도 필요 중심적 접근방법의 하나다. 기독교 전래 초기 한국의 교회는 도탄에 빠진 조선 백성들을 위해 학교와 병원, 고아원을 설립하며 백성들의 필요에 부응했다. 이런 것들도 필요 중심적 전도 방법이라고 할 수 있다. "교회에서 복음과 상관없는 문화강좌를 여는 것이 가당

치 않다"며 부정적인 태도를 보이는 신자들도 있지만, 어떤 경우에라도 복음의 접촉점을 만든다는 점에서 충분히 받아들일 수 있다고 본다. 전도하는 동기가 중요하다. 구원의 복음을 전하려는 사랑의 마음이 간절하다면 본질은 고수하되 방법은 다양하게 사용해도 좋지 않을까? 예수님께서도 자신이 이 세상에 오신 목적을 이렇게 말씀히 셨다.

> "내가 의인을 부르러 온 것이 아니요 죄인을 불러 회개시키러 왔노라."(눅 5:32)
>
> "미쁘다 모든 사람이 받을 만한 이 말이여 그리스도 예수께서 죄인을 구원하시려고 세상에 임하셨다 하였도다."(딤전 1:15)
>
> "내가 너희에게 이르노니 이와 같이 죄인 한 사람이 회개하면 하늘에서는 회개할 것 없는 의인 아흔아홉으로 말미암아 기뻐하는 것보다 더하리라."(눅 15:7)
>
> "하나님은 모든 사람이 구원을 받으며 진리를 아는 데에 이르기를 원하시느니라."(딤전 2:4)

앞의 말씀들처럼 예수님께서 이 땅에 오신 목적은 죄인을 불러 구원하시려는 것이다. 예수님은 승천하시면서 그 사명을 제자들에게 주셨다. 또한 세대에서 세대에 걸쳐 모든 믿는 성도들이 이 죄인을 구원하는 제자의 사명을 물려받았다. 그러므로 전도는 피할 수 없는 우리의 사명이다.

초대교회 이후부터 신자들에게 부여된 전도라는 대명제는 바뀌지 않았지만 전도의 방법은 시대에 따라 바뀔 수 있다. 앞서 말한 여러 전도법이 있지만 필요 중심적 전도법은 요즘과 같은 새로운 시대에 맞는 전도 방법이라고 할 수 있다. 이전의 전도 방법이 전하는 사람 중심의 전도법인데 비해 필요 중심적 전도는 전도 대상자에 중점을 둔 방법이라 할 수 있다. 어떤 방법을 사용하건, 전도를 해서 열매를 맺는 것이 중요하다.

1. 사명에 불타라

'사랑은 아무나 하나'라는 노래가 있다. 모두가 사랑할 수 있지만 '전문 사랑꾼'이 있다는 말일 게다. 나는 이를 '전도는 아무나 하나'로 개사하고 싶다. 누구나 전도할 수 있다지만 전도는 결코 아무나 할 수 있는 것이 아니다. 전도는 영혼을 구원하려는 사명감에 불타는 사람만이 제대로 할 수 있다. 가을에 눈을 들어 사방 들판을 바라다보면 추수할 곡식이 고개를 숙이고 있지만 농부가 아닌 사람들은 낫을 들어 추수할 생각을 하지 않고 그냥 지나친다. 그러나 추수할 사명이 있는 농부는 아침부터 저녁까지 구슬땀을 흘리며 벼를 벤다. 이처럼 전도도 사명을 느끼지 못하는 사람은 매일 함께 사는 가족들에게도 "예수 믿고 구원받아 함께 천국에 갑시다. 이제 교회에 나갑시다"라고 전도하지 못한다. 그러나 전도의 사명에 불탄 사람들은 집안은 물론 거리와 공원, 광장, 병원 등 사방팔방 찾아다니며 복음을 전한다. 비록 숫자는 줄어들었지만 요즘도 지하철에서 "예수 천국, 불신 지옥"을 외치는 사람들이 있다. 그들은 전도의 사명에 불타 있는 사람들이다.

"내가 예수 알기에 가만히 있을 수 없네, 주의 크신 사랑을 알려야 하네"로 시작되는 가스펠 송이 있다. 예수 그리스도를 제대로 아는 사람들은 도저히 가만히 있을 수 없다. 그 좋은 예수님을 자기 혼자만 믿을 수 없다는 강한 영적 부담감을 느낀다. 그들은 때를 얻든지 못 얻든지, 장소와 시간 상관없이 주님을 전파한다. 주위 사람들의 싸늘한 시선도 상관없다. 죄인들을 구원하러 오신 예수 그리스도의 사명을 이어받아 '작은 예수'로서 사는 것이 더 중요하기 때문이다. 이들은 누구도 막을 수 없는 불타는 사명의 사람들이다. 결국 문제는 사명감이 있느냐의 여부다.

> "내가 복음을 전할지라도 자랑할 것이 없음은 내가 부득불 할 일임이라. 만일 복음을 전하지 아니하면 내게 화가 있을 것이로다."(고전 9:16)

이렇게 고백할 정도로 사도 바울은 복음 전파의 사명에 불탔다. 복음을 전하는 것은 결코 자랑할 일이 아니라 하지 않으면 화를 당하기에 반드시 해야 한다고 말하고 있다. 스스로 '복음에 빚진 자'로서 복음을 전해 그 빚을 갚겠다고 나선 것이다. 시인 김소월은 "앉으나 서나 당신 생각"이라고 노래했지만 사도 바울은 자나 깨나, 앉으나 서나 복음 전파만을 생각했다. 참으로 사도 바울은 사명에 살다 사명에 죽은 사람이었다. 감리교의 창시자인 존 웨슬리도 사도 바울과 같이 사명에 불탄 사람이었다. 그는 감리교 후배들에게 이렇게 당부했다.

> "당신은 영혼을 구원하는 일 외에는 아무 일도 하지 마십시오. 그러므로 이 일로 시간을 보내며 이 일에 당신이 쓰임 받도록 하십시오. 당신이 얼마나 설교했느냐, 또는 이런저런 일들에 얼마나 관심을 가졌느냐가 문제가 아닙니다. 당신이 최선을 다해 영혼을 구했느냐 못했느냐가 문제입니다. 할 수 있는 대로 많은 죄인을 데려와 회개하고 구원받도록 하십시오."

우리나라 교회 역사에서 전도의 사명에 불탄 전도자가 많았다. 그 가운데 가장 유명한 분이 최봉석 목사다. 1869년 평양에서 태어난 최봉석은 평양 감사 밑에서 감찰직으로 일하다 공금횡령 혐의로 평안북도 서부의 삭주로 유배됐다. 거기서 1902년에 선교사로부터 전도를 받아 기독교인이 되었다. 그는 1903년에 세례를 받은 후에 불덩어리가 가슴에 떨어지는 꿈을 꾸었다. 사명의 불을 받은 것이다. 그 후, 그는 전도의 사명에 불타는 전도인이 되었다. 1907년에 평양신학교에 입학, 1913년에 평양신학교 제 6기로 졸업했다. 꽤 오래 학교에 머물렀다. 전도하러 다니다 학점이 모자라 계속 졸업하지 못한 것이다. 그러다 어느 해 졸업을 앞두고 교수실에 들어가 여러 교수님들이 모인 자리에서 다짜고짜 "다 같이 기도합시다"라며 기도를 시작했다. "하나님 이놈은 길거리의 수많은 불신자들을 볼 때마다 전도하지 않고는 도저히 견딜 수 없습니다. 그래서 '예수 천당!'을 외치며 전도만 했습니다. 당연히 공부를 하지 못했죠. 그랬더니 교수님들은 학점이 모자란다고 두 번씩이나 이놈을 낙제 시켰습니다. 하나님 아버지 어떻게 하면 좋겠습니까? 어떻게 해야 이놈이 목사가 될 수 있습니까? 부디 이번엔 졸업할 수 있게 해 주시옵소서. 예수님의 이름으로 기도했습니다. 아멘." 그러자 여러 교수들도 얼떨결에 따라서 "아멘"으로 화답했다. "아멘"이라 했으니 졸업을 안 시킬 수도 없었다. 결국 다시 교수 회의를 열어 그를 졸업시키기로 했다. 이렇게 졸업한 최봉석 목사는 평생 70여 교회를 국내와 만주에 개척했다. 신사참배를 끝까지 반대하다 1944년 3월 1일 감옥에 갇혀 40일 금식기도 후, 병으로 쓰러져 4월 15일 천국에 가셨다.

한번은 최 목사가 함경도 산악지대 화전민 촌으로 전도를 나갔다. 산 밑에서 위를 쳐다보니 갈 길이 아득했다. 저 꼭대기에 화전민들의 집이 드문드문 있는데 이미 다리가 아파 오를 생각을 하니 한숨이 절로 나왔다. 그는 갑자기 외쳤다. "호랑이다! 호랑이가 나왔다. 사람 살려, 사람 살려." 호랑이가 많던 시절이었다. 여기저기에서 낫과 몽둥이를 든 사람들이 몰려 내려왔다. "어디? 호랑이가 어디 있어?" 그러자 최 목사는 "여러분, 호랑이는 바로 나요. 여기 최봉석 목사가 호랑이요." "아니, 뭐라고?" 화가 나서 낫을 들고 달려드는 화전민들에게 그는 "여러분, 회개하고 예수 믿으시오. 예수 믿지 않으면 지옥에 갑니다"라고 외쳤다. 그러자 화전민들은 한층 더 약이 올라 일제히 그를 때리려고 달려들었다. "저 예수쟁이 죽여라!" 화전민들이 달려들 때, 최 목사는 품속에서 노회에서 전도상으로 준 메달을 꺼내 들고는 "암행어사 출도요! 암행어사 출도요!"라고 다시 외쳐댔다. 암행어사가 나타났다는 말에 두려워 무릎을 꿇는 사람들에게 다시 "회개하고 예수 믿으시오"라고 전도하며 무사히 돌아왔다. 그를 수식하는 말이 "예수 천당, 불신 지옥"이다. 이 한마디로 수많은 사람을 전도했던 능력의 종 최봉석 목사를 후세 사람들은 '최권능 목사'로 고쳐 불렀다. 오늘도 최권능 목사의 후예들이 지하철과 버스에서, 혹은 길거리에서 "예수 천당, 불신지옥"을 외치고 다니는 모습을 가끔씩 본다. 나는 이 전도 방식을 '십자군 전도'로 이름 붙였다. 십자군처럼 오직 공격, 또 공격뿐이다. 상대가 듣는지 여부는 상관없다. '들으면 살고, 듣지 않으면 죽는다'는 식으로 일방적으로 선포한다. 십자군 원정식의 전도 방법이다. 아주 용감하고 불타는 사명감에 사로잡혀 있는 용사들의 전도 방식이다. 필요 중심적 전도를 하건, 십자군식 전도 방법을 사용하건, 중요한 것은 불타는 사명감이 있어야 한다는 점이다.

> "너는 말씀을 전파하라. 때를 얻든지 못 얻든지 항상 힘쓰라. 범사에 오래 참음과 가르침으로 경책하며 경계하며 권하라."(딤후 4:2)

우리 모두 주 예수 그리스도께 인생을 건 사람들이다. 사도 바울과 함께 하신 하나님, 존 웨슬리와 함께하신 하나님, 최봉석 목사와 함께 하신 하나님의 권능이 성령님을 통해 지금도 우리와 함께 계신다. 그분은 우리에게도 불타는 전도의 사명감을 주셨다. 우리 역시 때를 얻든지 못 얻든지 항상 말씀을 전해야 한다. 그래서 수많은 사람들을 주님께로 인도해야 한다. 그러면 우리 역시 바울과 웨슬리, 최권능 목사처럼 별과 같이 빛나는 존재들이 될 것이나.

2. 전도자의 직분을 받아라

하나님께서 우리를 택해 자녀삼아 주신 것은 우리를 통해 영광 받으시기 위함이다. 신약에서 우리를 택하시고 거룩한 자녀 삼으신 몇 가지 이유를 발견할 수 있다.

> "그러나 너희는 택하신 족속이요 왕 같은 제사장들이요 거룩한 나라요 그의 소유가 된 백성이니 이는 너희를 어두운 데서 불러 내어 그의 기이한 빛에 들어가게 하신 이의 아름다운 덕을 선포하게 하려 하심이라."(벧전 2:9)

우리로 하여금 복음의 선전대원이 되게 하려고 하나님이 우리를 부르셨다는 말씀이다. 사도 바울도 우리가 복음을 전하는 직분을 맡았다고 말한다.

"내가 내 자의로 이것을 행하면 상을 얻으려니와 내가 자의로 아니한다 할지라도 나는 사명을 받았노라. 그런즉 내 상이 무엇이냐 내가 복음을 전할 때에 값없이 전하고 복음으로 말미암아 내게 있는 권리를 다 쓰지 아니하는 이것이로다."(고전 9:17~18)

사도 바울은 자신이 복음 전도자의 직분을 받은 것을 자각하고 그 일에 일생을 바친 사람이다. 전도자의 직분을 받은 사람에게 제일 중요한 일은 무엇일까? 성령 충만한 것, 지혜 충만한 것, 말씀 충만한 것, 학자의 혀를 갖고 있는 것, 부지런한 것, 건강한 것…. 이 모든 것이 필요할 것이다. 그러나 앞의 고린도전서 9장에 나온 대로 '내게 있는 권리를 다 쓰지 않는 것'이 중요하다. 사도 바울은 전도의 사명감에 불탔지만 언제나 상대방과의 관계를 고려하면서 권한을 제한적으로 사용했다고 고백한다. 참으로 성숙한 신앙인의 모습이 아닐 수 없다.

바울의 말처럼 전도에서 가장 중요한 것은 상대방과의 관계다. 힘으로 사람을 꺾을 수는 있어도 그 사람의 마음을 뺏을 수는 없다. 그러므로 마음을 얻기 위해선 관계를 잘 맺어야 한다. 전도 대상자와의 관계를 중시하며 복음을 전하는 것을 '관계 중심적 전도'라고 한다.

어느 집에 두 형제가 살고 있었다. 형은 불신자로 자기 아집이 강해 누구의 말도 듣지 않는 완악한 사람이었다. 동생은 신자였지만 사업이 번창해 세상에 빠지면서 믿음을 잃었다. 그러다 IMF로 잘되던 사업이 위기를 맞자 다시 하나님께로 돌아왔다. 동생은 기도 응답을 받고 새롭게 신앙생활을 하게 되었다. 친구의 권유로 '아버지 학교'에 참석했다 완전히 변화 받고 봉사자가 되었다.

그는 누구의 말도 듣지 않는 형님을 어떻게 아버지 학교에 입학시킬까 궁리하던 중 새벽기도 가운데 한 방법이 떠올랐다. 아버지가 남겨준 유산가운데 형제의 공동명의로 되어있는 고향 땅이 있었다. 그 지역에 개발 붐이 일어나면서 꽤 값이 올라있는 땅이었다. 동생은 새벽기도를 마치고 나서 아내의 동의를 받고 그 땅의 포기각서를 썼다. 그 각서를 들고 형을 찾아갔다.

느닷없이 찾아간 형에게 동생은 "형님, 고향 땅의 권리를 포기할테니 한 번만 이 동생의 소원을 들어주십시오"라고 말했다. 형은 "아니, 뭐가 네 소원이니?"라고 물었다. "간단합니다. 아버지 학교라는 교육이 있는데 다섯 번만 참석하면 됩니다." 그 이야기를 듣고 난 형은 동생을 물끄러미 쳐다보더니 "그 땅 이야기는 없던 것으로 하자. 네가 소원이라며 그렇게까지 간절하게 권하는 아버지 학교가 얼마나 좋은지 한번 참석해보겠다"고 말했다. 아버지 학교에 참석한 형도 결국 동생처럼 변하게 되었다. 할렐루야!

하나님은 이 땅의 죄인들과 관계를 회복하시기 위해 독생자 예수님을 이 땅에 보내셨다. 지금 예수님은 화목제물의 사명을 다하시고 하늘 보좌 우편에 앉아 계신다. 이제 아직 하나님을 알지 못하는 사람들을 불러 화목케 하는 사명은 먼저 믿은 우리의 몫으로 고스란히 남아 있다. 하나님과 화목케 하기 전에 전도자가 먼저 전도 대상자들인 형제·이웃과 화목한 관계를 맺어야 한다. 화목하지 않은 가운데 아무리 전도를 해도 교회를 따라 나올 사람은 아무도 없다.

> "모든 것이 하나님께로서 났으며 그가 그리스도로 말미암아 우리를 자기와 화목하게 하시고 또 우리에게 화목하게 하는 직분을 주셨으니."(고후 5:18)

이 화목하게 하는 직책을 잘 감당할 때 많은 사람을 주께로 인도할 수 있게 될 것이다. 화목하게 하는 일이 쉬운 일이 아니다. 때로는 재산을 포기하는 손해도 각오해야 한다. 물질적 손해뿐 아니라 매사에 전도 대상자들에게 양보하고 살아야 한다. 그러나 그것이 우리가 감당해야 할 직분임을 명심한다면 참고 인내 할 수 있다.

> "그러나 너는 모든 일에 신중하여 고난을 받으며 전도자의 일을 하며 네 직무를 다하라."(딤후 4:5)

전도자의 직분은 참으로 고귀한 것이다. 어떤 고난이 따라와도 행할 만한 가치가 있는 일이다. 바로 영혼을 구원하는 일이기 때문이다. 고난을 참고 전도자의 직무를 감당할 때 하나님께서 상을 주신다.

"지혜 있는 자는 궁창의 빛과 같이 빛날 것이요 많은 사람을 옳은 데로 돌아오게 한 자는 별과 같이 영원토록 빛나리라."(단 12:3)

우리 모두 인내로써 화목케 하는 직분을 잘 감당해 하늘의 별과 같이 빛나는 전도자들이 되어야 한다. 잃어버린 한 마리의 양을 찾으시는 주님의 마음으로 전도의 열정에 불타는 사명자들이 가득할 때, 교회는 자연적으로 성장하게 된다.

3. 종이 되어 전하라

과거에는 '십자군식 전도'가 가능했다. 경제적으로 빈곤해 삶이 어렵고 정신적으로 갈급한 가운데 교회에 대한 이미지가 좋았던 시절엔 "예수 천당, 불신 지옥"이라며 일방적으로 선포하는 전도 방법이 효과를 보았다. 그러나 요즘 시대에는 반감만 불러일으키고 효과는 미미하다. 십자군식 전도가 어려운 세 가지 이유가 있다. 첫째, 시대가 악하고 사람들의 마음이 강퍅해졌다. 둘째, 과거엔 무능했던 타종교의 힘이 강해지고 다원화되었다. 셋째, 교회에 대한 이미지가 좋지 않다.

민족의 등불이 꺼져가고 다른 종교가 빛을 잃어버렸던 과거에는 기독교의 "예수 천당, 불신 지옥"이 도탄에 빠진 백성들에게 한줄기 빛으로 다가왔다. 그러나 이제 시대가 바뀌었다. 그렇다고 전하지 않을 수는 없다. 우리들이 외치지 않으면 하나님께서는 돌들을 사용해서라도 외치게 하실 것이기 때문이다. 이렇게 전도하기 어려운 시대에 복음을 전하는 효과적 방법이 바로 필요 중심적 전도 방법이다. 사람은 불완전한 존재다. 겉으로는 아무 일 없는 것 같아도 만나서 30분만 터놓고 이야기하면 문제없는 사람이 없다. 모든 사람에게는 반드시 필요한 부분이 있다. 필요 중심적 전도는 바로 '필요한 그 부분'을 파고 접근해 들어가는 것이다.

오징어를 잡을 때엔 그물을 가지고서는 안 된다. 저인망과 통발도 안 된다. 오징어가 좋아하는 것으로 유인해야 한다. 오징어는 밝은 빛과 화려한 색깔을 좋아한다. 그래서 오징어 수확기에 동해 밤 바다는 할로겐램프를 대낮같이 켜놓은 배들로 불야성을 이루고 있다. 밤 뱃놀이를 하는 것이 아니라 빛을 좋아하는 오징어를 모으기 위함이다. 그렇게 해서 오징어가 모이면 낚시 줄을 내려보내는 데 거기에 화려한 색깔을 칠한 것들이 달려 있다. 불빛을 따라 모인 오징어들은 화려한 색깔의 낚시 줄에 달린 미끼를 덥석 물게 되어 있다. 오징어를 낚는 도구도 시대의 변화에 맞춰 이같이 개발되는데 하물며 사람을 낚는 방법이 새롭게 개발되지 않아서야 되겠는가?

필요 중심적 전도의 요점은 전도 대상자의 필요를 민감하게 받아들이는 것이다. 전도 대상자가 정해지면 '지금 저분의 필요가 무엇일까'를 생각하고 찾아내어 그 필요를 접촉점으로 삼는다. 그러기 위해서는 자세가 달라져야 한다.

"내가 모든 사람에게서 자유로우나 스스로 모든 사람에게 종이 된 것은 더 많은 사람을 얻고자 함이라. 유대인들에게 내가 유대인과 같이 된 것은 유대인들을 얻고자 함이요 율법 아래에 있는 자들에게는 내가 율법 아래에 있지 아니하나 율법 아래에 있는 자 같이 된 것은 율법 아래에 있는 자들을 얻고자 함이요 율법 없는 자에게는 내가 하나님께는 율법 없는 자가 아니요 도리어 그리스도의 율법 아래에 있는 자이나 율법 없는 자와 같이 된 것은 율법 없는 자들을 얻고자 함이라. 약한 자들에게 내가 약한 자와 같이 된 것은 약한 자들을 얻고자 함이요 내가 여러 사람에게 여러 모습이 된 것은 아무쪼록 몇 사람이라도 구원하고자 함이니 내가 복음을 위하여 모든 것을 행함은 복음에 참여하고자 함이라."(고전 9:19~23)

더 많은 사람을 얻기 위해 사도 바울은 스스로 자유를 버리고 종이 되었다. 종의 자세는 물에 비유할 수 있다. 물을 동그란 그릇에 담으면 동그랗게 되고, 네모난 그릇에 담으면 네모가 되고, 깊은 그릇에 담으면 깊게 되고, 넓은 그릇에 담으면 넓게 된다. 종도 마찬가지다. 종에겐 자기 자신이 없다. 의지도, 이름도, 명예도, 소유도, 영광도 없다.

전도자는 종이 되어야 한다. 사도 바울은 철저히 종이 되었다. 그는 로마 시민권자였고 최고의 학식을 지닌 유대인 중의 유대인이었다. 너무나 자랑할 것이 많은 그였지만 주님을 만난 이후 물과 같은 사람이 되었다. 유대인 앞에서는 유대인이 되고, 율법 아래 있는 자들에게는 율법 아래 있는 자같이 되고, 약한 자들에게는 약한 자같이 되었다. 이렇게 말하는 사람이 있을 것이다. "그렇다면 간도 빼고, 쓸개도 빼고, 사람이 완전히 없어진 것이냐?" 아니다. 그 속에 무서운 힘이 자리 잡았다. 사람의 영혼을 변화시킬 수 있는 다이너마이트와 같은 복음의 능력이 있었다.

십자군식 전도자가 왕의 모습을 지녔다고 한다면 필요 중심적 전도자의 모습은 종이다. 십자군식 전도 방법이 충격식(직접적)이라면 필요 중심적 전도 방법은 점진적(간접적)이다. 십자군식 전도법은 고전적 방법으로 전도 대상자들에게 충격을 주는 직접 전도 방식이다. 필요 중심적 전도법은 현대적 방법으로 점진적이고 간접적인 전도 방식이다.

유도 기술로 비유하면 십자군식 전도 방법은 자기 힘으로 상대를 쓰러뜨리는 업어치기며, 필요 중심적 전도 방법은 오는 힘을 이용해 넘어뜨리는 되받아치기다. 십자군식은 파도를 뚫고 가며, 필요 중심적 방법은 파도를 타고 간다. 아파트 입주자를 대상으로 전도하는 방식을 생각해 보자. 이삿짐 나르느라 정신이 없는 사람에게 다가가 "예수 믿으세요. 예수 천당, 불신 지옥"이라고 하면 반응이 어떻게 나올 것 같은가? 아마 재수 없다고 소금을 뿌릴지도 모른다. 나라도 그렇게 할 것 같다.

과거엔 그랬지만 요즘은 그렇게 하는 사람은 거의 없다. 아파트 단지 앞에서 교회 띠를 두른 전도자들이 커피와 생강차, 주스를 따라준다. 더 열심인 전도자들은 이삿짐을 날라주기도 한다. 어떤 교회는 이사하는 사람들에게 빗자루와 걸레를 선물로 주기도 한다. 쓰레기 종량제 시행 이후 등장한 신종 방법으로 쓰레기봉투를 선물로 주는 방법도 등장했다.

이런 전도 방법이 바로 필요 중심적 전도 방법이다. 필요 중심적으로 접근하면 더디기는 하지만 관계를 돈독히 맺을 수 있게 된다. 그렇게 되어 전도 대상자의 마음 문이 열리면 그제야 본격적으로 주님께 인도하는 것이다. 예수님은 인류를 구원하기 위해 하늘 보좌를 버리고 이 세상에 내려와 종이 되셨다.

> "인자가 온 것은 섬김을 받으려 함이 아니라 도리어 섬기려 하고 자기 목숨을 많은 사람의 대속물로 주려 함이니라."(막 10:45)

우리도 영혼을 얻기 위해 종이 되는 것이 마땅하지 않은가. 한 번이라도 전도를 위해 상대방의 필요를 생각해 보았는지, 실제로 종이 되어 보았는지 점검해 보자. 전도는 해도 좋고, 하지 않아도 좋은 것이 아니다. 생명 있는 나무는 열매를 맺고 번식한다. 마찬가지로 생명 있는 그리스도인은 반드시 생명을 낳아야 한다. 그것이 그리스도인의 사명이고, 책임이며, 본질이다. 전도는 어려운 것이 아니다. 하고자만 하면 성령이 도우시고 능력을 주신다.

전도의 방법은 다양하다. 앞서 언급된 방식 외에도 여러 방법들이 있다. 앞으로도 시대 변화에 따라 새로운 전도 방식이 나올 것이다. 생활의 본, 말, 섬김 등 어떤 방법이든 가능하다. 전도할 때 효과적인 것은 초신자를 앞세우는 것이다. 초신자는 불신자들을 많이 알고 있기 때문이다. 주변을 관심 있게 돌아보면 언제나 전도 대상자들은 있게 마련이다. 전도를 연구한 학자들에 따르면 기독교인 누구나 주변에 9명 정도의 불신자들이 있다.

문제는 요즘 많은 교회가 전도의 중요성을 아예 잃어버렸고, 중요성을 인식하더라도 전도가 어렵다는 고정관념에 사로잡혀 있다는 것이다. 물론 전도에 탁월한 은사자들이 있기는 하다. 그러나 전도는 은사자만 하는 것이 아니다. 아이를 쑥쑥 잘 낳는 여인만 아이를 낳는 것이 아니다. 비록 난산을 한다 할지라도 아이를 낳아야 기쁨이 있다. 처음 아이를 낳을 때보다 두 번째는 좀 더 수월하다. 일곱 명쯤 낳으면 혼자서도 낳을 수 있다. 마찬가지로 전도는 누구나 해야 하며, 하면 할수록 쉬워진다.

중요한 것은 영혼을 사랑하는 마음을 갖는 것이다. 자신을 구원해 주신 주님의 사랑에 감격해서 다른 사람들을 품는 마음이 필요하다. 그 마음이 있다면 전도하기 위해 온갖 방법을 연구하고 직접 실행하게 된다. 상대방의 필요를 파악하며 그에게 부드럽게 나아가 사랑의 손을 내밀게 된다. 그럼으로써 죽은 영혼을 살리는 불타는 전도의 사명을 지닌 하늘의 전도자가 되는 것이다. 이런 전도자들이 있는 교회는 자연적으로 성장하게 되어 있다.

함께 생각하기

1. 지금 일 년에 한 명 이상이라도 전도하고 있는가? 만일 전도하지 않고 있다면 그 이유는 무엇인가?

2. 위에 언급된 전도 방법 가운데 자신에게 가장 맞는 전도법은 무엇인가? 혹 새로운 전도법이 떠오르면 생각나는 대로 기록하시오.

3. 지금 출석하는(담임하는) 교회는 전도에 적극적인가? 아니면 수동적인가?

4. 지하철에서 "예수 천당, 불신 지옥"을 외치며 전도하는 사람을 볼 때, 솔직히 어떤 마음이 드는가?

5. 이 시대에 전도를 가로막는 요소 3가지를 들어보시오.

8장

사랑의 관계

"내가 사람의 방언과 천사의 말을 할지라도 사랑이 없으면 소리 나는 구리와 울리는 꽹과리가 되고 내가 예언하는 능력이 있어 모든 비밀과 모든 지식을 알고 또 산을 옮길 만한 모든 믿음이 있을지라도 사랑이 없으면 내가 아무 것도 아니요 내가 내게 있는 모든 것으로 구제하고 또 내 몸을 불사르게 내줄지라도 사랑이 없으면 내게 아무 유익이 없느니라. 사랑은 오래 참고 사랑은 온유하며 시기하지 아니하며 사랑은 자랑하지 아니하며 교만하지 아니하며 무례히 행하지 아니하며 자기의 유익을 구하지 아니하며 성내지 아니하며 악한 것을 생각하지 아니하며 불의를 기뻐하지 아니하며 진리와 함께 기뻐하고 모든 것을 참으며 모든 것을 믿으며 모든 것을 바라며 모든 것을 견디느니라. 사랑은 언제까지나 떨어지지 아니하되 예언도 폐하고 방언도 그치고 지식도 폐하리라."(고전 13:1~8)

슈바르츠 목사의 건강한 교회에 꼭 필요한 8가지 질적 특성 가운데 마지막은 '사랑의 관계'다. 종교마다 그 종교를 대표하는 덕목이 있다. 불교의 덕목은 자비이고, 유교의 덕목은 인(仁)을 완성하는 것이다. 기독교의 덕목은 사랑이다. 기독교는 누가 뭐래도 사랑의 종교다. 그럼에도 교회 성장과 사랑의 관계의 연관성에 대해 논하는 책이 한 권도 없다.

슈바르츠 목사는 통계조사를 통해 정체되거나 쇠퇴하는 교회에 비해 성장하는 교회들은 높은 '사랑지수'를 갖고 있다는 것을 발견했다. 사랑지수(LQ·Love Quotient)는 지능지수(IQ·Intelligence Quotient)나 감성지수(EQ·Emotion Quotient)보다 더 중요한 지수다. 지능지수나 감성지수가 개인의 성공을 위한 것이라면 사랑지수는 개인뿐 아니라 공동체의 성공을 위해 가장 중요한 인자다. 교회 성장 전문가인 윈안 박사에 따르면 새신자가 교회에 왔을 때 진심으로 생각해 주는 친구 여섯 명만 생기면 어떤 경우에도 교회를 떠나지 않는다. 이를 '교회 성장의 우정요소'라고 한다. 그런데 왜 6명인가에 대한 구체적 설명이 없다. 그래서 내가 답을 찾아보았다. 한 사람을 전,후,좌,우,상,하로 감싸면 달아날 수 없어서 6명이 필요하다고 하지 않았을까 생각된다. 거룩한빛광성교회는 개척 초기부터 성도들이 삼겹줄 원리로 엮일 수 있도록 했다.

"한 사람이면 패하겠거니와 두 사람이면 맞설 수 있나니 세 겹 줄은 쉽게 끊어지지 아니하느니라." (전 4:12)

이 말씀에 근거해 목장의 줄, 제직회와 사역부서의 줄, 남·여 선교회의 줄 등 사랑의 삼겹줄을 만들었다. 각 모임에 2명의 친구가 있다면 최소 6명의 교회 친구가 생겨 교회 성장의 우정요소를 갖추게 된다. 교회는 성도들의 사랑지수를 높일 수 있는 요소들을 생각해 보아야 한다. 사랑은 영원한 가치로 오직 교회만이 이 영원한 가치를 제공할 수 있다. 사랑지수를 파악할 수 있는 요소는 다음과 같다.

* 교회의 공식적 모임 외에 교인들이 서로 얼마나 많은 시간을 함께 보내고 있는가?

* 식사에 초대하거나 자주 만나 차를 마시는가?

* 서로를 칭찬하는데 얼마나 너그러운가?

* 김장을 교인들끼리 담갔는가, 아니면 이웃과 담갔는가?

* 교회 안에 얼마나 웃음이 있는가?
    20% 정도 웃으면 병든 전투적 교회
    40% 이상 웃고 있으면 건강한 교회
    50% 이상 웃고 있으면 혁명도 가능한 교회
    70% 이상 웃으면 폭발적으로 성장하는 교회

* 상호의존적으로 서로 끌어안는 사랑의 분위기인가?

* 결혼식과 장례식에 잘 참석하는가?

* 서로 인정하고 격려하는가?

* 목회자는 성도 개인의 일을 잘 아는가?

  10여 년 전 서울서북노회 시찰회 주최로 찬양의 밤이 열렸다. 우리 교회에서도 열 명의 중창단원이 출연했고 가장 멋진 찬양을 불러 갈채를 받았다. 그런데 이들을 격려하기 위해 간 교회 관계자들은 나와 단장 장로님, 찬양위원장, 안수집사, 찬양담당 목사 등 총 5명에 불과했다. 전 교인을 대표해서 담임인 내가 단원들에게 장미꽃을 한 송이씩 선물했다. 보다 많은 성도들이 함께 왔다면 좋았겠다고 생각하며 다짐했다. '그래, 사랑지수를 높이자.'

  교회가 부흥하면서 장례식도 많아졌다. 한 주에 아홉 건의 장례식이 있었던 적이 두 번이나 있었다. 하루는 아침에 세 번의 발인예배를 드리기도 했다. 경기도 일산 백병원 장례식장에서 새벽 5시, 6시, 7시에 연속으로 발인예배를 드렸다. 새벽 5시에 발인예배를 드린 곳에 또 다른 교우의 빈소가 마련되어 아침 7시 30분에 위로예배를 드리기도 했다. 그런데 결혼식 축의금과 장례식 조의금 부담 때문에 참석하고 싶어도 못하는 분들이 많은 것을 알게 되었다. 그래서 나는 교인들에게 늘 이렇게 말했다. "여러분, 결혼식이나 장례식에 부조금보다 중요한 것은 '몸 부조'입니다. 결혼식이나 장례식에 사람이 없어 보십시오. 얼마나 쓸쓸할까요? 그러므로 '몸 부조가 가장 큰 부조다'라고 생각하며 참여해야 합니다."

교회 지체가 슬픔을 당했거나, 축하할 일이 있다면 비록 얼굴을 몰라도 '이번 기회에 얼굴을 익히자'라고 생각하며 달려가야 한다. 축의금, 조의금, 꽃다발이 있다면 좋지만 없어도 무방하다. 사람이 중요하고 사랑이 중요한 것이다. 그래서 우리 교회는 다음과 같은 사랑지수 높이기 운동을 적극적으로 벌였다.

* 장례식에 참석하여 위로하기

* 결혼식에 참석하여 축하하기

* 잔치에 참석하여 먹어주기

* 음악회에 참석하여 박수치기

우리는 교회 안에서뿐 아니라 교회 밖에서 일어나는 교회 형제들의 일에 관심을 갖고 적극 참여하는 운동을 벌여나갔다. 기도도 중요하고, 성경공부와 봉사도 중요하지만 더 중요한 것은 구체적으로 진지한 사랑의 노력을 기울이는 것이다. 초대교회의 성장요인은 구성원들끼리 유무상통할 정도로 사랑의 공동체를 이룬 것이었다.

옛날에 고린도 사람은 '바람둥이'라고 여겨졌다. 한국 사람은 '빨리 빨리'로 통한다. 오사마 빈 라덴은 '테러리스트'로 연상된다. 요즘 우리 사회에서 '예수 믿는 사람'이라고 하면 무엇이 연상될까? '말 잘하는 사람' 정도는 괜찮지만 '말만 잘하는 사람'이라고 연상된다면 문제가 아닐 수 없다. 이제부터 크리스천의 정체성은 '사랑 많은 사람'이 되어야 한다. 이 땅의 교회는 '사랑이 넘치는 곳'이란 칭찬을 받을 수 있어야 한다.

1. 사랑이 없으면 아무것도 아님을 명심하라

사랑은 이 세상 그 무엇보다도 강하다. 강철보다도, 바위보다도, 죽음보다도 더 강하다. 사랑받은 사람은 사랑하는 사람을 위해 목숨이라도 바친다.

"사랑은 죽음 같이 강하고"(아 8:6)

중국 춘추전국시대에 한 병사가 적의 활에 맞아 다리를 다쳤다. 전투 후에 부상병들을 돌아보던 장군은 그 병사의 다리가 곪아 있는 것을 발견하곤 그 자리에서 그 고름을 입으로 빨아냈다. 그 덕분에 병사의 상처는 하루가 다르게 나았고 휴가를 가게 되었다. 집에 가서 늙은 어머니에게 이 이야기를 자랑스럽게 하자 어머니는 "이제 내 아들은 죽었다"고 한탄을 했다. 다시 전쟁에 나간 그 병사는 어머니의 예언대로 전사하고 말았다. 부하를 사랑하는 장군의 마음에 감동한 자기 아들이 앞으로 목숨을 아끼지 않고 싸울 것을 어머니는 짐작했던 것이다. 사랑에는 바로 이런 힘이 있다. 반면에 사랑이 없는 것은 어떤 크고 위대한 일일지라도 아무것도 아니다.

> "내가 사람의 방언과 천사의 말을 할지라도 사랑이 없으면 소리 나는 구리와 울리는 꽹과리가 되고 내가 예언하는 능력이 있어 모든 비밀과 모든 지식을 알고 또 산을 옮길 만한 모든 믿음이 있을지라도 사랑이 없으면 내가 아무 것도 아니요 내가 내게 있는 모든 것으로 구제하고 또 내 몸을 불사르게 내줄지라도 사랑이 없으면 내게 아무 유익이 없느니라."(고전 13:1~3)

'천사의 말을 하는 사람도'로 시작되는 가스펠송이 있다. 가사를 음미하다 보면 많은 깨달음이 온다.

[천사의 말을 하는 사람도]

<1절>
천사의 말을 하는 사람도
사랑 없으면 소용이 없고
심오한 진리 깨달은 자도
울리는 징과 같네

(후렴)

하나님 말씀 전한다 해도

그 무슨 소용 있나

사랑 없으면 소용이 없고

아무것도 아닙니다

<2절>

진리를 보고 기뻐합니다

무례와 사심 품지 않으며

모든 것 믿고 바라는 사랑

모든 것 덮어주네

<3절>

지금은 희미하게 보이나

그때는 주를 맞대고 보리

하나님 나를 알고 계시듯

우리도 주를 알리

    그렇다. 천사의 말을 할지라도 사랑이 없으면 아무 소용이 없다. 사랑 없이 하나님 말씀을 전하는 것도 위선이다. 그 마음자리에 사랑이 없다면 역시 아무 소용이 없다. 결국은 사랑만이 남는다. 예수님도 이 땅에 사랑을 남기셨다. 이 땅과 믿음의 세계에는 '사랑의 필수성'이 분명 존재한다. 사랑 없는 예언은 아무것도 아니다. 사랑 없는 기적 역시 아무것도 아니다. 사랑 없는 순교, 사랑 없는 구제도 아무것도 아니다. 예언도, 기적도, 구제도, 순교도 사랑이 전제될 때 놀랍게 기능하며 아름다운 것이 된다. 사랑이 전제되지 않은 모든 행위는 무익하다!

이 세상에는 세 종류의 사랑이 있다. 똑같이 사랑이라고 해도 그 의미는 다르다. 에로스(εpoς)는 남녀간의 육정적 사랑이다. 필리아(φιλια)는 부자(父子)와 친구, 형제간의 사랑이다. 아가페(αγαπη)는 인간에 대한 하나님의 사랑이다. 기독교의 사랑, 성경에서 말하는 사랑은 바로 아가페적인 사랑을 말한다. 사랑할만한 조건이 있어서 하는 사랑이나 육적인 사랑이 아니라 헌신적이고 지고한 사랑이다. 한마디로 이타적(利他的) 사랑이라고 할 수 있다. 인간은 이기적(利己的) 존재로 본성적으론 늘 자기중심적인 사랑을 하게 마련이다. 그러나 기독교의 사랑은 자신을 버리는 이타적 사랑이다.

'로크리얀스'라는 나라에 '자로가크라'는 왕이 있었다. 왕국의 풍기가 문란해지자 왕은 국가의 기풍을 바로잡기 위해 "누구든지 음란한 짓을 하면 눈을 빼어 버린다"는 포고령을 내렸다. 겁이 난 백성들은 음란한 짓을 멀리했다. 그러던 어느 날, 첫 위반자가 잡혀왔다. 그런데 그 위반자는 하나밖에 없는 왕자였다. 온 나라의 관심이 왕의 결정에 쏠렸다. 백성들은 온종일 쑥덕거렸다. "왕이 과연 국법대로 할까? 그대로 못하면 나라의 기강이 말이 아니지. 그렇지만 왕자의 눈을 어떻게 뽑을 수 있겠어. 그러면 누가 왕위를 잇지?"

드디어 형을 집행하는 날이 되었다. 왕이 친히 취조하는 자리에 왕자가 끌려 나왔다. 취조가 끝나자 왕이 명령했다. "왕자의 눈을 빼어 버려라." 명령과 동시에 집행관의 칼날이 번뜩였고, 비명과 함께 왕자의 한쪽 눈이 피로 물들었다. 그 다음 눈마저 찌르려는 순간 왕이 벌떡 일어났다. "잠깐! 왕자에겐 그것으로 족하다. 나머지 한 눈은 이것으로 대신한다"라고 하더니 칼로 자신의 눈을 쩔렀다. 왕은 왕으로써 법을 엄정하게 집행하며 국기를 다잡고, 아버지로서 아들을 대신해 희생하는 사랑을 보여 나라를 위기에서 건지고 아들도 살렸던 것이다.

이 왕처럼, 아니 왕보다 훨씬 더 강하게 우리를 사랑하시는 분이 하나님이시다. 성부 하나님은 우리 죄를 해결해 주기 위해 독생자를 이 땅에 보내셨고, 성자 하나님은 자신을 내어주시며 우리를 구원해 주셨다. 모두 아가페적인 사랑이 아니면 도저히 있을 수 없는 일이었다. 사랑의 예수님이 말씀하신다.

"새 계명을 너희에게 주노니 서로 사랑하라. 내가 너희를 사랑한 것 같이 너희도 서로 사랑하라. 너희가 서로 사랑하면 이로써 모든 사람이 너희가 내 제자인 줄 알리라."(요 13:34~35)

예수님의 제자들은 사랑하는 주님의 새 계명을 지키는 사랑하는 사람들이다. 사랑하지 않으면 예수님의 제자가 될 수 없다. "서로 사랑하라"는 것은 우리에게 주신 제일 큰 계명인 것이다. 교회는 무엇을 하는 곳인가? 간단하다. 예수님의 사랑을 실천하는 곳이다. 아무리 탁월한 전도프로그램으로 성도들을 잘 훈련시켜 전도하게 한다 할지라도 사랑이 없으면 아무 소용이 없다. 오히려 역효과가 난다. 사랑 없는 사람의 한마디 말은 10년 공들여 전도한 사람을 단칼에 날려 보낼 수도 있다. 이 땅의 사람들은 모두 사랑을 갈구하고 있다. 그들은 간절히 사랑을 찾고 있다. 그들은 교회에서 사랑에 대해서만 이야기하는 것을 듣는데 너무나 진저리가 났다. 그들은 예수 그리스도의 사랑이 정말 어떻게 역사하는지를 경험하기 원하고 있다. 사랑을 앞세우지 않고 원리원칙을 앞세우면 사람들은 상처받고 넘어지게 되어 있다. 사람은 밥과 빵이 아니라 사랑을 먹고 사는 존재다.

> "그리스도께서 너희를 사랑하신 것 같이 너희도 사랑 가운데서 행하라. 그는 우리를 위하여 자신을 버리사 향기로운 제물과 희생제물로 하나님께 드리셨느니라."(엡 5:2)

사랑 그 자체였던 예수 그리스도는 성부 하나님께서 받으신 가장 큰 제물이었다. 사랑이 담기지 않았던 가인의 제물은 열납되지 않았다. 사랑이 담기지 않았던 아나니아의 헌금은 재앙이 되었다. 이제 우리는 이렇게 결심해야 한다. '나의 예배, 나의 헌금, 나의 봉사, 나의 모든 행위에 하나님을 사랑하는 사랑과 형제를 사랑하는 사랑을 담겠습니다.'

우리 모두는 사랑의 기초 위에 믿음의 집을 짓는 사랑 건축가들이다. 사랑 건축가들이 모인 교회에는 사랑을 갈구하는 수많은 사람들이 찾아와 머물게 될 것이다. 그런 사랑하는 교회는 성장할 수밖에 없다. 그러니 교회 성장을 하고 싶다면 예수님처럼 사랑하라!

2. 사랑은 배려하는 마음임을 깨달아라

앞서 말했지만 인간은 본래 이기적이며 자기중심적이다. 한 사람이 인격적이며 성숙하다는 것은 그가 자기중심적인 본성과 행동을 벗어나 남을 배려할 줄 아는 사람이 되었음을 의미한다. 고린도전서 13장 4~7절에서는 상대방과의 관계성 속에서 사랑의 본질이 무엇인지를 15개로 정의하고 있다.

1. 사랑은 오래 참고

2. 사랑은 온유하며

3. 투기하는 자가 되지 아니하며

4. 사랑은 자랑하지 아니하며

5. 교만하지 아니하며

6. 무례히 행치 아니하며

7. 자기의 유익을 구치 아니하며

8. 성내지 아니하며

9. 악한 것을 생각지 아니하며   13. 모든 것을 믿으며

10. 불의를 기뻐하지 아니하며   14. 모든 것을 바라며

11. 진리와 함께 기뻐하고   15. 모든 것을 견딘다

12. 모든 것을 참으며

이 15가지 사랑의 본질을 자세히 살펴보면 한 가지 한 가지가 타인을 대할 때의 마음가짐과 깊은 관련이 있음을 알 수 있다. 교회에서 신앙생활을 하다 사람들이 상처 받아 떠나게 되는 가장 큰 원인은 형제를 배려하지 않고 다투는 데 있다. 남대문 시장 좌판에서 물건을 팔던 주인과 물건을 고르던 손님 간에 싸움이 벌어졌다. 손님이 물건을 사지도 않으면서 '들었다 놨다, 좋으니 나쁘니' 했다고 주인이 불평하며 시비가 벌어졌다. 급기야 주인과 손님이 먹살을 잡고 싸우게 되었고 길 가던 사람들도 구경하러 몰려들었다. 구경꾼들이 너무나 몰려 앞 가게까지 장사를 할 수가 없게 되었다. 앞 가게 주인이 싸우는 두 사람을 떼어놓고 화를 내며 외쳤다. "이 사람들이 여기가 교회인 줄 알아? 싸우고 싶으면 교회에 가서 싸우라고!"

얼마나 교회에서 싸움이 많았으면 시장 상인들이 그런 소리를 다 했겠는가. 참으로 통탄할 일이다. 사실 1960~70년대 한국 교회는

교단 분열로 많이 싸웠던 것이 사실이다. 각 교회 내에서도 그야말로 피터지게 싸우는 일이 종종 있었다. 그 모습을 보고 교회를 떠난 사람들도 적지 않았다. 요즘은 그렇게 싸우는 현상은 줄어들긴 했다. 적어도 무식하게 싸우지는 않는다. 그렇다면 질문을 하게 된다. 한국 교회는 사랑하는 교회인가? 교회끼리, 교회 내 성도끼리 죽도록 사랑하고 있는가? 기독교의 본질인 사랑이 교회에서 꽃 피워지고 있느냐는 말이다.

하나님은 똑똑한 사람들을 쓰시는 것이 아니라 사랑으로 하나 되어 연합하는 사람들을 쓰신다. 인간이 살아가는 곳에 갈등이 없을 수는 없다. 조직에 긴장감을 불어 넣고 발전시키는 건강한 갈등도 있다. 그러나 갈등이 중심이 되어서는 안 된다. 갈등이 중심 주제가 된 교회는 절대로 성장하지 못한다. 주위를 둘러보시라. 극심한 갈등 끝에 싸움질하며 나눠진 교회 가운데 성장하고 있는 교회가 있는가? 잘해야 현상 유지를 하거나 대부분 쇠퇴했을 뿐이다.

갈등이 있을 경우 그 갈등을 부정적으로 몰고 가면 안 된다. 부정적 갈등은 교회로 하여금 방향 감각을 상실하게 하며 교인들을 이탈하게 만든다. 그럴 경우엔 교회의 성장 잠재력은 사라지며 교회의 존재 이유인 전도가 막히게 된다. 그러므로 교회와 그리스도인들은 갈등을 창조적으로 해결해야 한다. 갈등을 해결하는 8대 원리가 있다. 갈등이라는 영어단어 'CONFLICT'의 앞 글자를 따서 정리한 것이다.

갈등해결 8대 원리

1) Change   **갈등에 대한 자세를 바꿔라**

2) Observe   **갈등의 원인을 관찰하라**

3) Notice   **갈등의 유형을 주목하라**

4) Find   **갈등의 유형에 따른 해결책을 발견하라**

5) Learn & Lead   **갈등처리 방법을 배우고 주도적으로 해결하라**

6) Inform   **갈등해결 방법을 성도들에게 알려라**

7) Cultivate   **비전과 프로그램을 개발하라**

8) Trust   **하나님을 믿고 기도하라**

   이런 원리에 따라 처리를 하다 보면 갈등이 해소될 수 있다. 그러나 이런 것들보다 더 중요하고 훨씬 효과가 높은 방법이 사랑지수를 높이는 것이다. 사랑지수를 높이기 위해서는 형제를 배려하는 마음을 가져야 한다.

"내가 유오디아를 권하고 순두게를 권하노니 주 안에서 같은 마음을 품으라."(빌 4:2)

빌립보 교회는 사랑이 많은 교회였다. 사도 바울이 신교히도록 끝까지 도운 교회였다. 그런데 교회 내에 한 가지 고민이 있었다. 여성 성도 중 가장 열심 있는 두 권사님인 유오디아와 순두게가 늘 겨루어서 바람 잘 날이 없었던 것이다. 그 모습을 보고 사도 바울은 안타까운 마음으로 주 안에서 같은 마음을 가지라며 권면하고 있다. 결국은 사랑이다. 사랑만이 같은 마음을 품게 한다. 믿음이 자라기 위해서는 사랑이 자라야 한다. 사랑이 성장하는 5가지 단계가 있다.

사랑의 성장 5단계

1단계 : 사랑을 받는 단계 - 유아기적 신앙

2단계 : 자기를 사랑하는 사람만 사랑하는 단계 - 세상 사람들

3단계 : 자기를 사랑하지 않는 사람까지 사랑하는 단계 - 인격자

4단계 : 자기에게 해롭게 하는 사람까지 사랑하는 단계 - 성인

5단계 : 죄인을 위해 대신 죽음을 당하는 단계 - 예수님

　우리가 하나님께로부터 받은 사랑은 다섯째 단계인 아가페적인 사랑이다. 하나님은 우리가 그런 사랑을 하기 원하신다. 성부와 성자 하나님은 친히 아가페 사랑의 본을 보여주셨다. 우리는 모두 하나님의 자녀들이며 이 땅의 '작은 예수들'이다. 그럼에도 불구하고 사랑의 1,2 단계에만 머물러 있다면 얼마나 안타까운 일인가? 각자 지금 사랑의 어느 단계에 있는지 점검해야 한다. 아직도 초보적 단계에 있다면 스스로 통회, 자복하며 "사랑을 주십시오"라고 간절히 기도해야 한다. 그리고 삶에서 의도적으로 사랑을 실천해야 한다. 사랑에도 '축적의 법칙'이 적용된다. 하루하루 사랑을 축적하다 보면 어느 날, 자신의 사랑 단계가 올라갈 것이다. 쉼 없이 사랑을 축적하다 보면 자기도 모르는 사이에 아가페 사랑의 단계로 도약할 수 있게 된다. 이것을 소망해야 한다. 그래서 사랑 없는 세상에서 다함이 없는 사랑을 주는 사랑의 화신이 된다면 얼마나 좋겠는가. 사랑 가득한 교회는 생각만 해도 가슴이 벅차다.

　　"무엇보다도 뜨겁게 서로 사랑할지니 사랑은 허다한 죄를 덮느니라."(벧전 4:8)

깊이 생각해 보자. '지금 나는 형제의 허물을 덮어주고 있는가? 아니면 들춰내고 있는가?' 우리는 상대의 허물을 사랑으로 덮어줘야 한다. 그래야 남들도 사랑으로 나의 허물을 덮어준다. 아버지의 수치를 드러낸 '함'은 저주를 받았지만 아버지의 수치를 가려준 '셈'과 '야벳'은 축복을 받았다는 사실을 기억해야 한다. 사랑은 허다한 죄를 덮는다! 이보다 강력한 말이 있을 수 없다. 사랑은 배려하는 마음이다. 우리 지체들을 한없이 배려하자. 교회에서 약자라고 할 수 있는 초신자와 노약자, 장애인을 배려하자. 그들을 그냥 지나치지 말고 따뜻한 미소로 인사하며 상냥한 말을 건네자. 그러다보면 우리의 교회는 사랑이 꽃피는 사랑의 공동체가 될 것이다. 그럴 때, 허다한 죄로 가득한 이 세상 사람들은 교회로 우르르 몰려올 것이다. 사랑을 찾아서….

3. 사랑의 샘은 마르지 않는다는 점을 기억하라

가끔 산천을 여행하다 보면 한국의 산이 아기자기하고 참 아름다운 것을 느낄 수 있다. 한 번은 미국 버지니아주의 세난도 국립공원에 간 적이 있다. 미국인들이 '세계 최고의 경치'라고 자랑하는 대규모 국립공원으로 가을의 단풍이 특히 아름다운 곳으로 알려졌다. 세난도 국립공원을 산행하면서 이리저리 둘러보았지만 그곳이 그렇게 유명한 까닭을 알 수 없었다. '가을의 전설'이라 불릴 정도로 단풍이 아름답다지만 설악산이나 내장산 단풍에 비할 바 못되었다. 그만큼 한국의 금수강산은 아름답다. 그런데 아름다운 우리 산천에 부족한 것이 하나 있다. 바로 물이다. 우리나라의 산과 계곡에서는 여름 장마철과 그 후 한 달 정도를 빼놓고는 흐르는 물을 보기가 힘들다. 우리 산수화는 물을 빼고서는 그 아름다움을 논할 수 없는데 안타깝게도 사시사철 물이 흐르는 계곡을 찾기란 쉽지 않다. 그러고 보면 백두산 천지는 참으로 장관이다. 2744m 산꼭대기에 남북 길이 5㎞, 둘레 13㎞, 평균수심 204m의 엄청난 호수가 있으며 북으로 떨어지는 68m의 비룡폭포는 웅장하다. 이 천지의 물이 두만강을 이루고, 남으로는 압록강을 이루는데도 호수의 물은 마르지 않는다. 호수 밑에서 끊임없이 샘이 솟아오르기 때문이다.

하나님의 사랑도 백두산 천지와 같다. 완악한 인간을 향해 계속해서 사랑을 흘려보내다 보면 언젠가 그 사랑이 끝날 것 같지만 결코 끝나지 않는다. 하나님의 사랑은 마르는 법이 없다. 끊임없이 솟아오른다.

"사랑은 언제까지나 떨어지지 아니하되 예언도 폐하고 방언도 그치고 지식도 폐하리라."(고전 13:8)

이 세상의 모든 것들은 있다가 없어진다. 변하고 사라진다. 그러나 하나님의 극진하신 사랑은 결코 사라지지 않는다. 그분의 사랑은 영원하다. 예언과 방언, 지식이 사라진다 해도 사랑은 결코 떨어지지 않는다. 하나님의 샘은 마르지 않는다. 예언과 방언, 지식 등 여러 은사들이 아무리 크고 능력이 있다 할지라도 그것들은 천국에 갈 때까지만 소용된다. 시간적 한계가 있는 것이다. 그러나 사랑에는 제한 시간이 없다. 이 땅에서도 영원하며 이 땅을 넘어 하나님의 나라에서조차 존재한다. 그래서 사랑은 영원하다.

교회는 사랑의 연습장이다. 이 사랑의 연습장에서 앙꼬와 같은 사랑이 사라진다면 교회는 교회됨을 상실하게 된다. '교회다움'은 사람의 숫자에 달려 있지 않다. 건물의 크기와도 상관이 없다. 강단에서 울려 퍼지는 천사의 소리와 같은 설교와도 관계가 없다. 교회다움은 오직 사랑으로만 결정된다. 공동체 내에 사랑의 샘물이 흐르고 있는지의 여부가 교회다움을 판가름한다는 말이다.

전승에 따르면 사도 요한은 100세 가까이 살았다. 그는 마지막까지 노구를 이끌고 에베소 교회를 목회했다고 전해진다. 그가 말년에 거동이 불편해 서서 설교할 수 없자 다른 이의 부축을 받고 강대상에 올라 의자에 앉은 채 설교를 했다. 말년에 이르기까지 그가 전한 설교는 단 한마디였다고 한다. "서로 사랑합시다."

이 한마디가 교인들의 마음을 움직였다. 그래서 초대교회 공동체에는 사랑의 샘물이 마르지 않았다. 우리의 심령, 우리의 가정, 우리의 교회에 사랑의 샘이 넘치기를 간절히 소망한다.

"사랑하는 자들아 우리가 서로 사랑하자. 사랑은 하나님께 속한 것이니 사랑하는 자마다 하나님으로부터 나서 하나님을 알고 사랑하지 아니

하는 자는 하나님을 알지 못하나니 이는 하나님은 사랑이심이라."(요일 4:7~8)

요한일서 4장의 이 말씀이야말로 하나님의 속성을 가장 잘 표현하고 있다. 하나님은 사랑이시다. 사랑 자체이시다. 그러므로 하나님의 사랑이 이 땅에 나타난 바 된 주 예수 그리스도를 제대로 만난 사람은 누구나 그 하나님의 사랑이 내면에서 솟아나게 되어 있다. 이런 사람들은 사랑하지 않으면 견딜 수 없어한다.

사랑에는 5가지의 신비로운 점이 있다.

1. 사랑은 줄수록 풍성해진다.

2. 사랑은 받기만 하면 사라진다.

3. 사랑은 도둑맞지 않는다.

4. 사랑은 돈으로 살 수 없다.

5. 사랑은 인생을 변화시키는 특효약이다.

인간에 대한 하나님의 사랑은 마르지 않는 사랑의 샘과 같다. 그분은 사랑을 주기 위해 물불을 가리지 않는다. 마찬가지로 그 사랑을 받은 우리도 물불을 가리지 않고 이웃을 사랑함이 마땅하다. 교회는 마르지 않는 사랑의 샘이 되어야 한다. 누구든지 이 샘에 와서 사랑을 마실 수 있어야 한다. 사랑 자체이신 하나님은 영원하신 분이다. 따라서 사랑도 영원하며 사랑의 샘은 결코 마르지 않는다.

영혼이 부요하기 원하는가? 사랑을 나눠 주시라. 가정이 화목하기를 원하는가? 사랑을 구체적으로 표현하시라. 교회 부흥을 원하는가? 서로 사랑으로 문안하시라. 하나님의 물불을 가리지 않는 사랑을 경험한 사람은 교회에서 만난 지체들에게 의례적인 인사만 할 수 없다. 우리는 서로 그리스도의 사랑으로 사랑하는 존재이기에 서로 만나기만 해도 "사랑합니다"가 마음 깊숙한 곳으로부터 나오게 되어 있다. 교회에서 처음 만나는 사람마다 "사랑합니다"라고 말한다. 목회자도 설교하기에 앞서 "사랑하는 성도 여러분"이라고 말한다. 외부인들은 이 광경을 이해할 수 없을 것이다. '아니, 어떻게 처음 보는 사람을 사랑할 수 있어? 저 목사는 정말 우리를 사랑할까?' 그러나 이것은 전적으로 인간적인 생각이다. 우리가 서로 사랑한다고 말할 때, 내 안의 그리스도가 다른 지체 안의 그리스도를 만나 인사하는 것이다. 하나님은 사랑이시기에 우리 안의 그리스도가 다른 사람 안의 그리스도와 사랑을 자연스레 고백하게 된다. 목회자 역시 그 안의 그리스도가 성도들에게 사랑으로 인사하는 것이다. 우리 안에 그리스도께서 내주하실 때에 우리는 사랑의 사람이 되지 않을 수 없다.

한국 교회가 초대교회처럼 다시 사랑 넘치는 교회가 되기를 바란다. 그래야 한국 교회가 살아날 수 있다. 교회가 훈훈한 사랑의 동산이 되면 나비와 같은 새신자들이 그 동산에 저절로 날아 들어와 말씀의 꿀을 먹고 영혼이 소생케 되는 생명의 역사가 일어나게 될 것이다. 이 땅 방방곡곡의 교회마다 사랑으로 모든 죽어가는 것들을 살리는 역사가 일어나기를 간절히 소망한다. 그것이 바로 주님 보여주신 십자가의 진리이며 하나님의 품격에 맞는 교회의 성장이다. 한국 교회여, 다시 사랑의 종소리를 울리자!

[사랑의 종소리]

<1절>
주께 두 손 모아 비나니
크신 은총 베푸사
밝아오는 이 아침을 환히 비춰주소서
오 주 우리 모든 허물을
보혈의 피로 씻기어
하나님 사랑 안에서 행복을 갖게 하소서
서로 믿음 안에서 서로 소망 가운데
서로 사랑 안에서 손잡고 가는 길
오 주 사랑의 종소리가 사랑의 종소리가

이 시간 우리 모두를 감싸게 하여 주소서

<2절>

주께 두 손 모아 비나니

크신 은총 베푸사

주가 예비하신 동산에 항상 있게 하소서

오 주 우리 맘에 새 빛이

어두움 밝게 하시어

진리의 말씀 안에서 늘 순종하게 하소서

서로 참아주면서 서로 감싸주면서

서로 사랑하면서 주께로 가는 길

오 주 사랑의 종소리가 사랑의 종소리가

이 시간 우리 모두를 감싸게 하여 주소서

함께 생각하기

1. 위에 언급된 교회의 사랑지수를 판단하는 요소를 감안 할 때, 지금 출석하는(담임하는) 교회의 사랑지수는 어느 정도인가? 가장 약한 쪽을 0으로, 가장 강한 쪽을 10으로 해서 현재 교회의 사랑지수를 매겨 보시오.

2. 당신에게 사랑이란 무엇인가? 사랑의 정의를 스스로 기록해 보시라.

3. 지금 출석하는(담임하는) 교회는 이 사회에서 갈등을 해소시키는 '갈라진 틈 사이에 서 있는' 교회인가? 아니면 갈등을 유발하는 교회인가?

4. 당신은 하나님을 사랑하고, 이웃을 사랑하는가? 구체적으로 기술하시오.

 이 책을 모두 읽은 분들은 건강한 교회를 위한 8가지 질적 특성에 대한 자신들의 생각과 교회가 추구해 나아갈 방향에 대해 간단히 기록하시오.

1. 평신도를 동역자로 세우는 리더십

2. 은사 중심적 사역

3. 열정적 영성

4. 역동적 조직

5. 성령이 역사하는 예배

6. 전인적 소그룹:살아있는 작은 교회

7. 필요 중심적 맞춤 전도

8. 사랑의 관계